共建"一带一路"
高质量发展丛书

"一带一路"
跨境资本运营

韩慧博 孙 芳 蒋冰清◎著

The Belt and
Road Initiative and
International Capital
Operation

中国人民大学出版社
·北 京·

本书感谢国家社会科学基金重大项目"'一带一路'投资安全保障体系研究"（批准号：19ZDA101）和对外经济贸易大学中央高校基本科研业务费专项资金资助"一带一路"研究系列著作项目（批准号：TS4-12）的资助。

总　序

2013 年 9 月和 10 月，习近平主席分别在哈萨克斯坦纳扎尔巴耶夫大学和印度尼西亚国会发表演讲，先后提出建设"丝绸之路经济带"和"21 世纪海上丝绸之路"的合作倡议，简称"一带一路"倡议。"一带一路"倡议旨在促进经济要素有序自由流动、资源高效配置和市场深度融合，推动开展更大范围、更高水平、更深层次的区域合作。政策沟通、设施联通、贸易畅通、资金融通和民心相通（简称"五通"）是"一带一路"倡议的合作重点，也是"一带一路"倡议有别于传统自由贸易的集中体现。

"一带一路"倡议提出至今已有十年。十年来，共建"一带一路"取得了举世瞩目的成就。截至 2022 年 8 月底，我国与沿线国家货物贸易额累计约 12 万亿美元，对沿线国家非金融类直接投资超过 1 400 亿美元。截至 2023 年 6 月底，我国已与 152 个国家和 32 个国际组织签署 200 余份共建"一带一路"合作文件。当前，共建"一带一路"已成为深受欢迎的国际公共产品和国际合作平台，也是我国全面推进高水平对外开放、加快构建新发展格局的重要引擎。

随着近年来国际政治经济局势日趋复杂，共建"一带一路"在百年未有之大变局下也面临诸多挑战。在此背景下，探讨如何总结提炼"一带一路"倡议的建设经验和发展成果，防范和应对"一带一路"倡议下的重大风险，不仅是我国有关部门和企业的重大关切，也是我国学者义不容辞的责任。

本丛书的作者团队长期从事金融市场和企业财务管理方面的研究。"一带一路"倡议提出后，作者团队将研究优势与国家顶层设计对接，聚焦"一带一路"风险管理和企业投融资相关问题，积累了较好的研究基础。从2019年起，作者团队依托对外经济贸易大学中央高校基本科研业务费专项资金资助"一带一路"研究系列著作项目（批准号：TS4-12）和国家社会科学基金重大项目"'一带一路'投资安全保障体系研究"（批准号：19ZDA101），开始编著"共建'一带一路'高质量发展丛书"。作者团队历经四年多的时间，以"一带一路"倡议下的资金融通为切入点，有机融合其他"四通"，对共建"一带一路"高质量发展下的金融风险、市场风险和企业运营进行了系统梳理。通过本丛书，作者团队希望可以为"一带一路"倡议建言献策，深化理论共识，推动"一带一路"高质量发展。

本丛书共包括三本书，分别为：《"一带一路"金融风险与金融监管》《"一带一路"跨境资本运营》《中国企业共建"一带一路"

典型案例》。三本书分别涵盖了共建"一带一路"高质量发展过程中的宏观金融监管、中观资本市场和微观企业运营三个层面。

金融是经济发展的血脉，资金融通是"一带一路"建设的重要支撑，因此，本丛书的第一本——《"一带一路"金融风险与金融监管》以宏观层面的资金融通为切入点，分析了"一带一路"沿线国家金融体系结构和金融监管的主要现状和特征，以及金融风险的内容、成因和传导方式，致力于构建"一带一路"金融风险分析框架和监测预警体系，为未来"一带一路"金融监管合作提供新方向和新思路。该书从国家主权信用风险、金融风险研究与评估、金融合作、金融资本来源和金融基础设施建设五个维度提出了相关的政策建议。

在中观资本市场方面，本丛书的第二本——《"一带一路"跨境资本运营》从境外资本市场的角度分析了我国企业在境外上市、跨境并购与境外收益回流三个方面的理论与实务问题。该书分析总结了我国企业跨境资本运营过程中遇到的各种问题和挑战，并提出了相应的建议。该书认为，我国企业应该将资本运营与企业的长期发展战略紧密配合，全面筹划，客观分析所面临的内外部环境因素，发挥资本运营的优势，带动跨境资本运营成为我国企业国际化成长的重要路径之一。对于进行境外并购的企业，应加强对财务风险预警的制度建设，推动建立我国企业境外并购风险案例库，系统提炼境外并购风险的经验和教训，为今后企业境外并购交易提供理论和经验支持。

在微观企业运营方面，本丛书的第三本——《中国企业共建"一带一路"典型案例》围绕"一带一路"倡议下的"五通"建设，精心挑选了 8 个我国企业高质量参与"一带一路"建设的典型案例，深入挖掘了这些企业"走出去"所取得的成效和亮点。这些典型案例突出展现了"一带一路"倡议为我国企业境外投资经营带来的重要战略机遇。该书通过全面总结企业参与共建"一带一路"的实践经验和理论启示，为其他参与共建"一带一路"的企业提供了可复制的范式和可实现的路径，有助于推动共建"一带一路"高质量发展。

本丛书从共建"一带一路"高质量发展过程中面临的实际问题对理论的需求出发，以理论研究回应我国高水平对外开放和企业跨国经营中的重要现实问题，具有鲜明的问题导向、需求导向和目标导向；构建了专门针对"一带一路"沿线国家的风险监测预警评价体系，针对我国企业在跨境资本运营中的挑战从不同层面和维度提出了有效的政策建议，并系统梳理和提炼了我国企业成功参与"一带一路"建设的理论路径，在一定程度上突破了现有风险管理、对外投资等研究更多基于西方情境或西方理论的局限，体现了鲜明的"一带一路"特色。

本丛书的研究内容在一定程度上丰富和完善了"一带一路"沿线国家风险管理、对外投资和财务管理相关理论。当然，本丛书也有一定的研究局限和不足之处，恳请各位读者批评指正。期望本丛书能够引发读者对共建"一带一路"高质量发展的深入思考，总结经验、砥砺前行，不断提升我国企业应对复杂国际环境的可持续竞争能力。

祝继高

前　言

自 2013 年习近平主席提出"一带一路"倡议至今已有近 10 年了。10 年来,"一带一路"建设在经贸合作、产能与投资合作、金融合作等方面所取得的成绩斐然。加强"五通",即政策沟通、设施联通、贸易畅通、资金融通、民心相通,为企业的跨国经营打下了坚实的基础。

企业作为该倡议的探索者和实践者,如何在这一时代背景下推动企业管理水平国际化,是企业需要思考的问题。面对严峻的国际形势,坚定国际化理念与国际化发展战略,是企业跨越全球发展鸿沟的前提条件。此外,合理的发展路径至关重要。企业的国际化发展既包括市场或重大项目层面的国际化,又包括股权经营层面的国际化。从产业运营国际化到资本运营国际化是企业国际化进程的重要路径之一。在共建"一带一路"的进程中,不仅要重视重大项目的国际化承建,亦要重视资本层面的合作共赢。

资本运营是一个具有中国特色的概念,它涵盖了企业在资本市场上的股权融资、股权并购等交易行为。跨境资本运营是借助国际资本市场的投融资渠道，以股权、债权等金融工具为手段，实现公司国际化发展的战略目标。本书包括境外上市、跨境并购与境外收益回流三大专题，是笔者近 10 年来对跨境财务管理问题思考的总结和归纳。10 年前，我在研究生课程班开始讲授国际企业财务管理，在此期间，通过阅读文献、与学生交流、对企业进行横向课题研究，对"一带一路"倡议的意义有了深刻体会，也对中国企业"走出去"所面临的财务问题进行了系统思考。本书展示了我们多年来对跨境资本运营的思考，我们希望利用自己的所学所悟，为学术研究与企业实践尽绵薄之力。

本书按照境外上市、跨境并购与境外收益回流三个专题研究跨境资本运营中涉及的理论与实务问题。书中采用了案例研究方法，选择的案例以"一带一路"国家为主，目的是总结经验、砥砺前行，归纳我国企业"走出去"过程中遇到的各种问题和挑战。希望本书能够为"一带一路"的学术研究提供理论和经验上的帮助。

本书从起笔到定稿将近两年的时间，我的研究生李杨林参与整理了大量的参考文献。感谢中国人民大学出版社管理分社的各位编辑，没有她们的专业精神，这本书不可能如此顺利地面世。

限于作者水平，书中难免有错漏之处，希望读者批评指正。

目　录

第1章
"一带一路"倡议背景下的
跨境资本运营

第1节　跨境资本运营概述

　　"资本运营"是从我国企业实践中产生的财务概念，具有很强的中国特色，它与传统的"产业运营"相对应。资本运营以股权管理为核心，注重发挥资本市场的作用，以实现股权增值；产业运营更注重行业与产品市场的经营，以实现公司的经营战略。资本运营与产业运营相互依赖、相互促进，产业运营注重获取利润，资本运营注重公司价值的提升。产业运营是资本运营的基础和保障,资本运营通过股权管理可以提升产业运营的规模和影响力。

资本运营泛指企业从事的与资本(或股权)相关的财务行为,典型的资本运营包括股权融资、企业并购重组等财务行为。对于跨国公司而言,跨境资本运营是借助国际资本市场的投融资渠道,以股权、债权等金融工具,实现公司经营国际化战略。相对于本国范围内的资本运营,跨境资本运营投资范围更广,融资渠道更加丰富,投资者遍布世界各地,需要考虑的影响因素更多,跨境资本运营也面临更多的财务风险和政治风险,难度远高于本国的资本运营。

跨境资本运营主要研究跨境融资、跨境并购与境外收益回流,其基本框架见图 1-1。

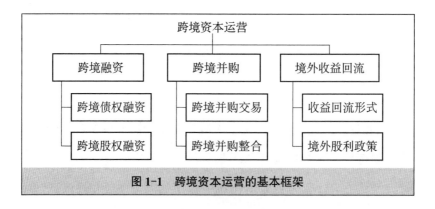

图 1-1　跨境资本运营的基本框架

跨境融资(即境外上市)包括跨境债权融资与跨境股权融资;跨境并购包括跨境并购交易和跨境并购整合;境外收益回流包括

收益回流形式和境外股利政策。跨境融资、跨境并购和境外收益回流是跨境资本运营的三个核心问题。跨境融资是股权国际化的重要途径，跨境并购是实现资产国际化的重要手段，境外收益回流是实现投资收益的最终落脚点。跨境资本运营有助于推动企业全球化战略布局，提升国际化投融资能力，提高对财务风险的管理能力。如何有效地进行跨境资本运营，充分利用国际资本市场的资源服务于我国企业的发展，成为近年来我国财务领域需要解决的重要问题。

在"一带一路"倡议下，我国有越来越多的企业"走出去"，借助国际资本市场的力量发展壮大。在此过程中，如何理解跨国公司的资本运营规律，怎样灵活运用资本运营手段，成为跨国公司面临的重要问题。本书将围绕跨境资本运营涉及的三个核心问题（跨境融资、跨境并购和境外收益回流）展开研究，依次分析面临的主要问题及解决思路。

第 2 节 "一带一路"倡议与公司跨境运营

一、"一带一路"倡议概述

"一带一路"（The Belt and Road）是"丝绸之路经济带"和

"21世纪海上丝绸之路"的简称。"丝绸之路经济带"是连接亚太经济圈，经中亚、西亚等连接欧洲经济圈的纽带。起点是中国，终点是欧洲，中间经过中亚、西亚地区等。"21世纪海上丝绸之路"是沿着海上丝绸之路，连接中国和东盟、南亚、西亚、北非及欧洲各国的经济合作路线。

"一带一路"倡议最早是2013年习近平主席在访问哈萨克斯坦和印度尼西亚时提出的，随后受到国际社会的广泛关注。2015年3月，《推动共建丝绸之路经济带和21世纪海上丝绸之路的愿景与行动》提出明确的框架思路：根据"一带一路"走向，陆上依托国际大通道，以沿线中心城市为支撑，以重点经贸产业园区为合作平台，共同打造新亚欧大陆桥、中蒙俄、中国－中亚－西亚、中国－中南半岛等国际经济合作走廊；海上以重点港口为节点，共同建设通畅安全高效的运输大通道。中巴、孟中印缅两个经济走廊与推进"一带一路"建设关联紧密，要进一步推动合作，取得更大进展。

截至2022年12月，我国已与150个国家、32个国际组织签署合作文件。截至2022年7月底，累计与20多个共建"一带一路"的国家建立了双边本币互换安排。人民银行发布的2022年支付体系运行总体情况报告显示，人民币跨境支付系统业务量保持增长。

"一带一路"倡议旨在积极发展与沿线国家的经济合作伙伴关

系。沿陆上和海上"丝绸之路"构建经济大走廊，推出基建、交通的互联互通及贸易投资的便利化措施，将给中国与沿线国家带来共同的发展机会，拓展更广阔的发展空间。

二、"一带一路"倡议的背景

（一）时代背景

（1）当今世界正发生复杂深刻的变化，国际金融危机深层次影响继续显现，世界经济缓慢复苏、发展分化，国际投资贸易格局和多边投资贸易规则酝酿深刻调整，各国面临的发展问题依然严峻。共建"一带一路"顺应世界多极化、经济全球化、文化多样化、社会信息化的潮流，秉持开放的区域合作精神，致力于维护全球自由贸易体系和开放型世界经济。共建"一带一路"旨在促进经济要素有序自由流动、资源高效配置和市场深度融合，推动沿线各国实现经济政策协调，开展更大范围、更高水平、更深层次的区域合作，共同打造开放、包容、均衡、普惠的区域经济合作架构。共建"一带一路"符合国际社会的根本利益，彰显人类社会共同理想和美好追求，是国际合作以及全球治理新模式的积极探索，将为世界和平发展增添新的正能量。

（2）共建"一带一路"致力于亚欧非大陆及附近海洋的互联

互通，建立和加强沿线各国互联互通伙伴关系，构建全方位、多层次、复合型的互联互通网络，实现沿线各国多元、自主、平衡、可持续的发展。"一带一路"的互联互通项目将推动沿线各国发展战略的对接与耦合，发掘区域内市场的潜力，促进投资和消费，创造需求和就业，增进沿线各国人民的人文交流与文明互鉴，让各国人民相逢相知、互信互敬，共享和谐、安宁、富裕的生活。

当前，中国经济和世界经济高度关联。中国将一以贯之地坚持对外开放的基本国策，构建全方位开放新格局，深度融入世界经济体系。推进"一带一路"建设既是中国扩大和深化对外开放的需要，也是加强和亚欧非及世界各国互利合作的需要。

（二）国内背景

从国内的角度，一方面，"一带一路"倡议可以有效解决国内产能过剩、外汇资产过剩的问题，带动我国制造业的产能与技术能力输出，提高我国企业的国际化竞争能力，与沿线各国形成互利共赢的产业发展格局。

另一方面，"一带一路"倡议有助于带动中西部地区发展，增强我国的经济战略纵深。在国际形势异常严峻时，以中西部地区作为我国的战略重心对于提升战略防御能力，带动全国经济内循环增长，具有重要的战略意义。另外，通过"一带一路"与沿线国家建立良好的经济、文化、政治沟通机制，可以为我国经济发展创造良好稳定的外部环境。在互相尊重的基础上进行广泛的文化沟通与交流是提升国家软实力的重要途径。通过文化交流、民心相通实现国际关系的稳定和协调、稳定的国际环境和地区关系对我国的经济发展和技术进步至关重要。"一带一路"倡议能够为建立平等、互利的地区经济环境提供有利的政策框架。

三、跨境资本运营与"一带一路"倡议

"一带一路"倡议从经济、社会顶层架构的角度为国际社会的协调发展构建新的机制,包括政策沟通、设施联通、贸易畅通、资金融通、民心相通。企业层面的沟通是经济合作的核心和纽带。对于参与"一带一路"建设的企业而言,跨境投资与融资是其跨境资本运营的重要方面,提高跨境资本运营能力是企业"走出去"战略的重要前提。跨境资本运营可以从以下几个方面推动"一带一路"倡议的落地。

首先,借助国际资本市场的力量,公司的融资渠道可实现多元化。跨境融资是解决跨境项目资金需求的重要保障。"一带一路"建设项目需要大量的资金支持,借助国际资本获取低成本融资是解决建设资金需求问题的重要途径。各国资本市场各具特色,结合国际资本市场的融资与定价功能,进行多样化、差异化融资,可以有效提高公司的融资能力,降低融资的综合

成本。通过跨境资本市场融资，可以实现资本国际化，并带动公司的业务全球化。

其次，利用国际资本市场的投资功能，通过并购重组交易，实现公司控制权的快速扩张。跨境并购市场交易规模大，标的公司的选择多，能够为公司的外延式扩张提供更为广阔的市场。跨境并购与重组交易有助于公司借助国际资本市场快速提升公司的资产控制规模和市场影响力，扩大公司的竞争优势，提高风险应对能力。"一带一路"建设同样需要借助资本市场的并购交易进行股权重组，通过跨境并购等方式实现高效率扩张战略，有利于快速实现市场占领与新领域扩张。

最后，"一带一路"倡议的核心理念在于实现多方共赢。资本运营的目标是通过股权资本的运作提升公司价值，满足包括股东、债权人、政府等利益相关者的利益诉求。资本运营可以有效提高公司的股东价值创造能力，为参与"一带一路"建设的公司创造更高的收益，在此基础上通过跨境投资的收益分配，可以实现多方利益协调增长。跨境投资的收益分配需要考虑众多因素，包括各个国家的税收制度、金融体制、汇率制度等。有效的跨境资本运营可以帮助参与"一带一路"建设的相关企业做好境外收益分配，降低综合资金成本，提高资金使用效率。

第 3 节 跨境资本运营的研究意义

在目前复杂多变的国际环境下,研究跨境资本运营无论从理论方面还是实务方面均具有重要意义。

从理论意义的角度,一方面,研究跨境资本运营有助于深入理解公司国际化的发展路径,从产业布局、公司治理等层面深入理解国际资本市场对公司跨境运营的影响。跨境融资的过程也是不断适应和了解国际市场需求的过程。资本市场本身就能够反映投资者对不同行业和产业的预期,企业与国际资本市场的对接有助于强化其对未来行业布局和商业模式的认识,提升公司的行业竞争力。跨境并购更是能够对公司的战略发展方向产生重要影响,明确跨境并购的机制和经济后果,对我国企业在"走出去"的过程中少走弯路有积极意义。另一方面,研究跨境资本运营有助于深化企业对于跨境投融资问题的研究。跨境资本运营主要聚焦于跨国公司的跨境股权融资、跨境并购重组以及与股权管理相关的决策内容,是跨国公司财务管理的研究分支之一。相对于跨境产业运营,跨境资本运营从股权管理的角度研究公司价值创造的路径与影响机制,是对现有跨国公司财务管理研究文献的补充和完善。

从实践价值的角度，跨境资本运营对于参与"一带一路"合作的公司而言是具有挑战性的课题。我国企业长期专注于产业经营，对跨境资本运营相对陌生，需要系统提升和总结跨境财务管理经验。跨境资本运营通过系统梳理国际资本市场运行的逻辑架构，提高企业在国际市场上的投融资能力，有助于企业利用资本运作提升国际影响力和竞争力。尤其是在目前复杂的国际环境下，结合我国企业跨境资本运营的相关案例，对境外上市、跨境并购等专业领域全面和深入的研究，能够为实务界提供可供参考的经验总结和方向指引。

本书按照境外上市、跨境并购与境外收益回流三个专题研究跨境资本运营中涉及的理论与实务问题，以案例研究方法为主，总结我国企业"走出去"过程中遇到的各种问题和挑战，书中案例的选择以"一带一路"国家为主，总结经验、砥砺前行，希望能够为推动我国企业参与国际市场竞争，扩大国际影响力提供理论和经验上的帮助。

本书的章节安排如下：第1章介绍跨境资本运营的含义和背景；第2章分析企业的境外上市问题，第3章和第4章分别分析跨境并购中的财务决策和并购后的整合问题，第5章分析境外收益回流问题，第6章为主要结论与启示。

第 2 章
境外上市问题研究

第 1 节　研究背景

　　利用国际资本市场进行股权融资是跨国公司步入国际资本市场的重要途径。港交所、纽交所、纳斯达克等成熟的全球资本市场为我国大量的新技术和新商业模式的企业融资提供了良好机会。在"一带一路"的背景下，企业应该充分利用境外上市融资的优势，为吸收国际资本服务经济发展创造更多的机会。

　　20 世纪 90 年代末以来，以新浪、搜狐为代表的互联网企业率先迈出了境外上市①的步伐，带动了我国大批企业寻求境外上市。境外上市促进了我国大批企业迅速成长，以百度、腾讯、阿里巴巴、京东为代表的新兴企业快速崛起，成为我国国民经济中的重要发展力量。境外上市除了可以帮助公司融通股权资金、推动企业国际化、创造更多的国际合作机会和提高国际知名度，更重要的是，在境外上市的预期下，企业可以吸引大量的风险投资基金，借助资本的力量扩大规模，推动企业快速发展。境外上市为国内一大批创业企业的发展壮大提供了巨大的帮助。同时，境外上市也满足了境外投资基金的变现需求，早期很多互联网企业的风险投资主要来自境外，境外上市有利于满足风险投资基金的退出需求。对于互联网等新兴行业而言，利用国际资本市场充裕的资金，尤其是境外机构投资者对新型商业模式和新兴行业的投资偏好，支撑了其市场估值和流动性。

当前，在日趋复杂的国际形势下，我国企业境外上市之路也将发生重大变化。除了赴美上市，企业也在转换思路，寻求更多的发展可能性，我国香港、新加坡以及欧洲国家的证券市场都将成为企业境外上市的重要地点。通过多样化境外上市，推动我国企业的股权融资国际化和多元化，对于提高国际影响力和竞争

---

① 按照《境内企业境外发行证券和上市管理试行办法》（证监会公告〔2023〕43号）和《关于境内企业境外发行上市备案管理安排的通知》（2023年2月17日）对"境外上市"的理解，"境外上市"涵盖在港股市场上市，因为港股市场证券监管体制基本上与国际的证券监管体制接轨，融资规则相近。

力、降低资金成本、提升国际化管理水平具有重要意义。

一、境外上市的基本理论

企业为什么会选择境外上市？学术界主要从市场分割理论、投资者认可理论、流动性理论和约束理论四个角度进行研究。

（1）市场分割理论认为，不同资本市场由于存在制度法律差异、信息不对称、投资者分离等问题处于分割状态。分割状态越严重，交易成本越高。境外上市能够打破不同市场之间的分割，提高资本流动性，降低投资者要求的风险溢价，增加分析师覆盖面及提高媒体关注度，有利于提升企业价值（Merton，1987；Baker et al.，2002；You et al.，2012）。

（2）投资者认可理论认为，境外上市可以带来范围更广的投资者认可，扩大公司的股权资金规模，从而提升投资者对公司的预期，并降低风险溢价，进而增加公司的价值。

（3）流动性理论认为，通过境外上市可以实现公司股票在多个流通性强的资本市场上市，从而增强股票流通性，进而降低股票的流动性风险，降低公司的资本成本。

（4）约束理论认为，到外部监管更加严格的境外市场上市，可以增加公司的外部约束，使得公司的控股股东和管理层受到更加严格的约束，减少对少数股东利益的侵占，降低公司的代理成本，进而提升公司的价值。约束理论是从外部治理机制完善以降低代理成本的角度解释企业境外上市的动机。

境外上市是跨国公司进行资本国际化的常见方式。很多跨国公司在多个国家的证券市场同时上市，形成交叉上市（cross-listing）。交叉上市的目的是降低公司的资本成本，促进境外业务的增长。市场分割理论、投资者认可理论、流动性理论和约束理论分别从市场环境、投资者认可度、股票流动性和高管约束的角度解释了公司进行境外上市的动机。

二、境外上市的文献综述

关于境外上市的学术研究主要关注以下几个方面。

一是境外上市的影响因素研究。除了市场分割理论、投资者认可理论、流动性理论和约束理论以外，学者们还从融资成本、商业动机、公司治理和管理层利益权衡等角度进行了研究。从融资成本的角度，不同资本市场由于制度法规、投资者结构不同，融资成本也存在差异，企业可以通过境外上市获得更低的融资成本。Lins 等（2005）认为非美国企业在美国证券市场上市能够解决其在母国的融资约束问题。从商业动机的角度，境外上市可以提升企业的境外知名度，有利于企业拓展境外市场，同时境外上市也是境外投资的重要退出渠道之一。徐虹（2014）研究指出，我国企业交叉上市的主要动因在于实现资本市场与产品市场的耦合，利用境外上市所积累的声誉来改善投资者认知，从而提升其产品在国内市场的竞争力。孔令艺、肖慧娟、任颋（2014）发现外资风险与私募股权投资的支持、较强的外部融资需求、分散的股权结构与境外上市存在正相关关系。从公司治理的角度，境外上市既可以增加公司治理的外部约束，也可以形成对公司管理层的有效激励，从而提升公司的治理效率。从管理层利益权衡的角度，谭庆美、李月、刘微（2017）通过建立中国企业境外上市决策模型，模拟了管理层境外上市的决策权衡过程，认为无论管理层是否持有本企业股份，当境外上市给管理层带来的收益增加大于损失的私有收益时，管理层会实施境外上市。

二是境外上市与企业融资约束的关系。不同的境外上市地点对于解决或缓解企业的融资约束问题是否存在差异？李培馨（2014）以我国境外单独上市的企业为研究主体，分析不同的境外上市地点在改善企业外部融资约束方面是否存在差异，发现即便在缺乏母国投资者参与企业信息发现的情况下，良好的境外市场环境仍然可以起到减少企业外部融资约束并促进企业成长的作用。

三是关于交叉上市的影响研究。公司在不同的证券市场进行交叉上市会对其一系列财务行为产生影响。Thomas 和 Connor（2006）发现，在美国交叉上市的企业，其股利支付水平显著降

低。交叉上市会引起控股股东控制权被稀释（Ayyagari et al.,
2010）、公司治理指数提升（Bauer et al., 2004）、会计信息质量
更高（Ghadhab et al., 2016；秦志敏等, 2012）、长期绩效更好
（Foerster et al., 1993）。贾巧玉（2014）分析 A 股和港股上市公
司的盈余管理水平，发现 A 股和港股上市公司的应计盈余管理和
真实盈余管理水平均显著低于配对的纯 A 股上市企业，这表明港
股市场更为严格的法律制度和信息披露标准发挥了绑定作用，可
以有效提高公司治理水平，约束其盈余管理行为。

四是关于境外退市的研究。与境外上市形成对比的是，近年
来越来越多的公司寻求境外退市。学术界对退市动因的分析也成
为近年来的研究热点问题。中美贸易摩擦导致美国证券市场监管
环境收紧是中概股回归的重要原因之一（巴曙松, 2021）。除此之
外，针对中概股的做空危机导致的中概股估值较低、信息披露成
本高、股份流动性不足以及公司进行战略转型等也是导致公司境
外退市的重要原因（李行健等, 2017；祝继高等, 2014）。

在不同的地点境外上市，企业的上市动机和上市经济后果也
有所不同，现有境外上市的研究尚缺少针对不同上市地点进行的
分析。为推动"一带一路"倡议下企业的境外上市，需要针对不
同国家和地区的实际情况进行有针对性的分析。

第 2 节 我国企业境外上市现状

借助境外上市实现公司跨越式发展，已经成为越来越多中国企业的成长路径。经过 20 多年的探索，我国企业的境外上市主要表现出以下 4 个特点。

第一，从上市地点的选择上，我国企业境外上市的地点主要集中于我国香港和美国。境外上市的地点选择比较多，通常包括我国香港、美国、新加坡、加拿大、日本、英国等经济发达地区，其中我国香港是首要选择，超过 90% 的中国企业会选择香港交易所作为拓展境外资本市场的地点。其次是纽约证券交易所和纳斯达克证券交易所。只有少部分企业会选择在其他地区进行上市融资。这与资本市场规模和融资成本有关，也与投资者对企业的商业模式和发展前景的认可程度有关。

第二，境外上市的基本方式趋丁稳定。从境外上市方式来看，包括港股方式和红筹股方式两类。目前以红筹股方式为主、港股方式为辅。红筹股方式是企业以在境外设立公司作为上市主体，通过控股境内公司实现合并报表，以申请境外上市，以开曼群岛、英属维尔京群岛为主要的公司注册地点。采用这种方式既是为了避税，又是方便上市后在公司股权层面的灵活运作。港股方式主要应用于港股上市，其主要作用是融通资金，实现资产和业务增长，实施比较便利，不需要搭建境外股权架构，但是由于港股上市的公司的内地股权无法直接流通上市，所以不利于原始股东利用上市退出。另外，境外上市中常见的 VIE 架构（股权控制或协议控制）日趋成熟，并得到了证券监管部门的认可。VIE 架构也成为具有中国特色的境外上市常见方式。

第三，境外上市的主体呈现多元化态势。境外上市的公司既有大型国有企业，如中国石油、中国石化、中国联通等，也有大量的民营企业，如阿里巴巴、小米、京东商城等。境外上市对促进国有企业混合所有制改革，减少民营企业的融资约束起到了重要作用，还催生了一批有影响力的行业领先者，如百度、腾讯、阿里巴巴等民营互联网企业，对民营企业快速发展壮大、参与国际市场的竞争、提升我国的产业竞争能力起到了重要作用。

第四，境外上市为我国企业融通了大量的外汇资金，为推动企业参与国际资本运作做出了重要贡献。作为股权融资的主要渠道，境外上市是国际投资者了解中国企业的发展现状的重要渠道，同时也为企业开拓国际市场、进行境外投资，构建开放透明的治理机制打下了坚实的基础。境外上市能够促进企业采取跨国并购等资本运营手段，对于缺乏国际化经验的企业或国有企业来说，境外上市对跨国并购的促进作用更为显著（阎海峰等，2019）。

我国企业境外上市也面临着一系列严峻挑战。

一是从境外退市的角度看，从早期的被动退市向主动退市转变。在 2010—2012 年期间，针对中概股掀起了一股做空浪潮，主要指控中概股财务造假和信息披露问题。以浑水公司为代表的一批做空机构纷纷发布对中概股的报告，被做空的公司平均超跌概率达到了 60% 左右。连续对中概股的做空引起了美国证券交易委员会（SEC）对中概股的警惕，并决定于 2010 年开始加大对中概股上市的审查力度。东方纸业、中国高速频道、多元环球水务和嘉汉林业等一批被曝财务造假的中概股公司纷纷被动退市。SEC对中概股公司可能涉嫌财务造假进行调查的过程中，涉及中美之间的跨境监管，由于监管理念的差异，调查过程并不顺利，进而升级为中美监管机构审查监管权限的争议。2014 年以后，随着中概股股价大幅下跌，国内 A 股和美股之间的定价差异加大。一批公司开始重新思考维持境外上市的价值，其中有些公司开始寻求境外主动退市，并力求转移回 A 股上市。从被动退市到主动退市，这标志着中国企业开始理性看待境外上市的收益与成本之间的权衡问题。

二是境外上市的巨大制度差异导致上市成本和诉讼风险均较高。境外上市的发行成本相对于国内 A 股上市更高，上市的直接费用一般占融资额的 9%～16%，远高于 A 股上市成本。另外，由于企业不熟悉境外法律体系，对信息披露透明度重视不够，会面临种种诉讼风险。例如 2008 年 9 月在东京证券交易所退市的亚洲互动传媒公司是我国一家利用有线电视网、无线通信以及互联网等的跨媒体广告公司，2007 年 4 月在东京证券交易所创业板上市，但仅仅一年的时间，即被要求退市。退市的原因是该公司的首席执行官（CEO）崔建平在未得到董事会同意的情况下，将公司的资产为第三方企业北京海豚科技发展公司的贷款做抵押担保，贷款金额为 1.03 亿元人民币，且该贷款处于逾期未还的状态。这起事件被董事会发现并公告后，该公司的会计师事务所拒绝就该报告的正确性提出审计意见。为此，东京证券交易所对其作出了"摘牌"的决定。受此事件影响，同在东京证券交易所上市的中国企业博奇环保科技、新华财经的股票价格也出现下跌，表明该事件对中国企业的市场信誉产生了极大的负面影响。

三是国内外证券市场的监管理念存在巨大差异。

近年来，我国企业境外上市面临着新的困难和挑战。在中美关系日益严峻的背景下，中美在证券监管理念上的冲突与矛盾凸显。美国证券监管机构主张对赴美上市的我国企业应有权独立自主地在中国开展执法活动并检查中国会计师事务所。中国证监会则主张美国应该信赖中国证券监管机构的监管执法，或者双方协商共同开展联合检查。另外，美国证券监管机构和美国公众公司会计监督委员会（PCAOB）主张有权获取中概股公司的审计工作底稿并进行检查，但中国证券监管机构考虑到部分审计工作底稿涉及国家敏感信息，考虑到信息保密要求，不适宜向境外提供，所以对向境外提供审计工作底稿有严格规定。在上述监管理念的冲突背景下，未来赴美上市之路会变得更加艰难。对我国寻求境外上市的企业而言，需要扩大思路，积极寻求多样化的上市地点和途径。2022 年 8 月 16 日，中国证监会、财政部与美国公众公司会计监督委员会签署审计监管合作协议，这为两国证券市场未来开展进一步合作带来了一缕光明。

境外上市机遇与挑战并存，需要我国企业正确认识境外上市的优点与不足，结合自身战略方向选择合适的上市地点与方式。

第 3 节　中国香港 IPO 问题分析

作为"一带一路"倡议重要的枢纽城市，中国香港以其重要的国际金融中心地位吸引了大量的国际资本和人才。我国企业"走出去"参与国际市场往往在香港中转。在"一带一路"倡议的背景下，香港在资金、人才和国际化方面的优势有助于我国企业寻找并抓住国际投资机会，有利于形成多方共赢的局面。

香港交易所（简称"港交所"）是世界领先的交易所及结算营运机构，资本市场开放的产物港股通就是投资者对在港交所旗下的香港联合交易所上市的证券做交易活动。香港联合交易所（简称"联交所")于 1986 年 4 月 2 日开始运作，是在政府的主导之下，由香港证券交易所、远东证券交易所、金银证券交易所及九龙证券交易所四大证券交易所合并而成的。1999 年为提高香港金融业的竞争力，香港特区政府财政司提出对香港证券及期货市场进行全面改革，2000 年 3 月香港联合交易所、香港期货交易所和香港中央结算有限公司（简称"香港结算"）合并，由香港交易所统一控股。2000 年 6 月，香港交易所以介绍形式在联交所上市。

近年来，内地企业在香港 IPO 已经成为资本市场的一种常态，越来越多的企业赴港上市，在融通资金的同时，对接全球资本市场，提升利用全球资本市场发展扩张的能力。

一、香港股票市场 IPO 的现状

（1）从市场规模上看，港股市场是全球最重要的资本市场之一。

截至 2021 年底，港股市场的上市公司共 2 572 家，其中主板市场 2 225 家，创业板市场 347 家。上市公司总市值约为 423 811 亿港元，在全球证券交易所中排名第五。

从港股市场的成交量来看，2021 年全年成交量 411 822.53 亿港元，平均每日成交金额 1 667.30 亿港元。作为重要的国际金融中心，港股市场汇集了世界各地的资金，庞大的资金量为港股上市公司提供了充足的流动性。另外，在外汇管制方面，中国香港鼓励资本自由流动，健全的金融机构和宽松的资本管制为国际资本的自由流动提供了良好的环境。在税收制度方面，资本利得免税以及与多数国家签订了股息预提税减免的税收协定，使得香港的税收负担也相对较轻。充沛的资金量、自由的资金流动和优惠的税收政策是奠定港股市场长期发展的重要基石。

（2）从 IPO 数量上看，港股市场始终保持较高的上市公司数和较大的融资规模。

图 2-1 和图 2-2 分别显示了 2012—2021 年各年的 IPO 上市公司数和 IPO 上市融资金额数据。

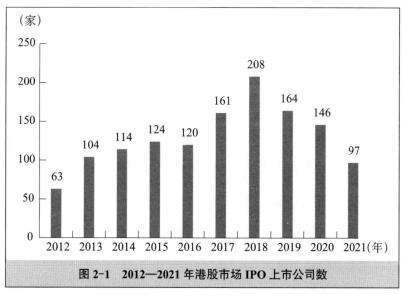

图 2-1　2012—2021 年港股市场 IPO 上市公司数

资料来源：WIND 数据库。

图 2-2　2012—2021 年港股市场 IPO 上市融资金额

资料来源：WIND 数据库。

从图 2-1 可见，2012—2018 年，每年的 IPO 上市公司数不断增加，最高峰达到 2018 年 208 家公司。之后从 2019 年开始下滑，至 2021 年降至 97 家公司。

从融资金额上看，平均每年 IPO 融资金额为 1 500 亿～2 000 亿港元。2012—2020 年香港股票市场的 IPO 融资额始终位于全球前三。2018 年之后，虽然 IPO 公司数下降，但总体融资规模有所上升，最高达到 2020 年近 4 000 亿港元。2021 年略有下降，但是 2021 年内地和香港是全球 IPO 最活跃的地区，IPO 数量和融资额分别占全球的 25% 和 28%。[①] 上海和香港的 IPO 融资额分别排在全球融资额的第三位和第四位。

---

① 安永发布《中国内地和香港首次公开募股（IPO）市场调研》报告。

（3）从上市公司对港股市场的利润贡献角度看，中国企业是港股市场的上市公司的重要利润来源。

2021 年，港股市场净利润前 10 名的上市公司全部为中国的公司，具体如表 2-1 所示。

表 2-1　港股市场上市公司净利润排行榜（2021 年）

排名	股票代码	企业简称	净利润（亿港元）
1	HK1398	工商银行	4 283.46
2	HK0939	建设银行	3 717.32
3	HK1288	农业银行	2 959.09
4	HK0700	腾讯控股	2 786.33
5	HK3988	中国银行	2 780.57
6	HK2318	中国平安	1 489.75
7	HK3968	招商银行	1 477.91
8	HK9988	阿里巴巴 -SW	1 432.84
9	HK0941	中国移动	1 422.53
10	HK0857	中国石油股份	1 402.84

资料来源：中商产业研究院。

2021 年香港新上市的 97 家企业中，主营业务来自内地的共 87 家，占当年香港新上市公司数量的 89.7%。随着内地企业在港股市场上市数量的增多，内地企业已经成为支撑港股市场的中坚力量。

（4）港股市场的投资者以境外机构投资者为主。

据港交所公布的《现货市场交易研究调查 2018》显示，相关股票市场中，主要的投资者类型是境外机构投资者，机构投资者成交额占比高达54.8%，远远高于个人投资者16.3%的水平。如果按照投资者所在地域划分，境外投资者成交额占比高达41.1%。这些数据都反映了香港证券市场的完备和国际化，由于香港证券市场长期由机构投资者主导，市场的整体投资风格是更加理性的。港交所的市盈率水平与伦敦证券交易所、纳斯达克交易所、东京证券交易所接近，历年股息收益率约为3%，随着互联互通的大力推进，港交所的业务增量更加可期。相对于A股市场而言，由于投资者结构的巨大差异，港股市场的整体估值水平是较低的。图2-3显示了恒生AH股溢价指数近年来的变化趋势。

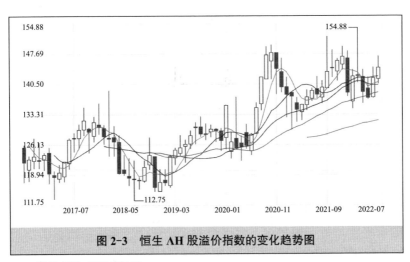

图 2-3　恒生 AH 股溢价指数的变化趋势图

资料来源：香港交易所。

　　恒生 AH 股溢价指数用于追踪同时在上海或深圳证券交易所（A 股）和香港联交所（H 股）两地上市的企业的股价差异，该指

数越高，表明 A 股相对 H 股的溢价程度越高。从图 2-3 可见，A
股相对于 H 股总体上存在溢价现象，也称为 AH 股溢价，一般溢
价率在 20% 左右，近两年，A 股溢价程度有所增加，平均溢价程
度接近 40%。导致溢价的原因是多方面的，两地的投资者结构差
异是其中的重要因素。除此之外，流动性差异、信息不对称差异、
汇率波动、分散化效应、需求弹性差异、规模因素和风险程度指
标也是影响 AH 股溢价的重要原因（陈梦凌，2017；缪莹，2011）。
虽然存在价格差异，但是 H 股仍有自身的独特优势。一是港股市
场的资金流动性充足，作为重要的国际资本汇集地，港股市场集
中了大量的国际资本，因此融资规模和流动性更有保障；二是香
港的联系汇率制度保障了港元与美元直接挂钩，港元的流通性与
国际认可度较高，因此可以吸引大量国际资本进入香港市场。

二、港股主板 IPO 条件与流程

（一）港股主板的上市条件

香港联合交易所（简称"联交所"）有两个交易市场可供上市
公司选择，即主板与创业板。主板是为根基稳健的公司而设的市
场，成熟行业的公司如银行、房地产开发公司、互联网以及健康
医疗公司往往会选择主板上市。符合较高的盈利或其他财务准则
要求，且具有较大规模的公司可通过主板市场筹集资金。创业板

是为中小企业而设立的市场，上市条件更低，财务上要求经营业务有现金流入，前两年营业现金流合计大于或等于3 000万港元，且市值超过1.5亿港元即可。

根据2023年最新修订的《香港联合交易所有限公司证券上市规则》①第八章，港股主板上市条件主要包括以下要点。

8.02：发行人必须依据其注册或成立所在地的法例正式注册或成立，并须遵守该等法例及其公司章程大纲及细则或同等文件的规定。

8.02A：发行人注册成立地及中央管理及管控所在地的法定证券监管机构均必须是《国际证监会组织多边谅解备忘录》的正式签署方，好使证监会在有需要进行调查及采取执法行动而海外发行人的记录、业务经营、资产及管理均位于香港境外时，证监会可向海外法定证券监管机构寻求监管协助及取得资料。

8.02B：在考虑到有充分安排，使证监会能在相关公司注册地及中央管理和控制地查阅发行人业务的财务和经营资料（例如账簿和记录），以作调查取证和执法的情况下，本交易所会在证监会明确同意下按个别情况豁免《上市规则》第8.02A条。

8.03：如发行人是一家香港公司，则不得是《公司条例》第11条所指的私人公司。

---

①　具体内容参见网址：https://www.hkex.com.hk/Listing/Rules-and-Guidance/Listing-Rules?sc_lang=zh-HK.

8.04：发行人及其业务必须属于本交易所认为适合上市者。

8.05：发行人必须符合《上市规则》第 8.05（1）条的"盈利测试"，或《上市规则》第 8.05（2）条的"市值/收益/现金流量测试"，或《上市规则》第 8.05（3）条的"市值/收益测试"。测试具体要求见表 2-2。

表 2-2 测试具体要求

测试类型	具体要求
8.05（1）盈利测试	（a）具备不少于 3 个会计年度的营业记录，而在该段期间，新申请人最近一年的股东应占盈利不得低于 3 500 万港元，及其前两年累计的股东应占盈利亦不得低于 4 500 万港元。上述盈利应扣除日常业务以外的业务所产生的收入或亏损
	（b）至少前 3 个会计年度的管理层维持不变
	（c）至少经审计的最近一个会计年度的拥有权和控制权维持不变
8.05（2）市值/收益/现金流量测试	（a）具备不少于 3 个会计年度的营业记录
	（b）至少前 3 个会计年度的管理层维持不变
	（c）至少经审计的最近一个会计年度的拥有权和控制权维持不变
	（d）上市时市值至少为 20 亿港元
	（e）经审计的最近一个会计年度的收益至少为 5 亿港元
	（f）新申请人或其集团的拟上市的业务于前 3 个会计年度的现金流入合计至少为 1 亿港元
8.05（3）市值/收益测试	（a）具备不少于 3 个会计年度的营业记录
	（b）至少前 3 个会计年度的管理层维持不变
	（c）至少经审计的最近一个会计年度的拥有权和控制权维持不变
	（d）上市时市值至少为 40 亿港元
	（e）经审计的最近一个会计年度的收益至少为 5 亿港元

8.08：寻求上市的证券，必须有一个公开市场，这一般指：

（1）（a）无论何时，发行人已发行股份数目总额必须至少有25%由公众人士持有。

……

（d）如发行人预期在上市时的市值逾100亿港元，另外本交易所亦确信该等证券的数量，以及其持有权的分布情况，仍能使有关市场正常运作，则本交易所可酌情接纳介乎15%至25%之间的一个较低的百分比，条件是发行人须于其首次上市文件中适当披露其获准遵守的较低公众持股量百分比，并于上市后的每份年报中连续确认其公众持股量符合规定。

（2）……但在任何情况下，股东人数须至少为300人。

（二）港股主板IPO申请流程

港股主板IPO申请流程一般包括递表、聆讯、路演、招股、公布配售结果、暗盘交易和挂牌阶段。

1. 递表

提出上市申请，预约聆讯日期，向上市委员会提交上市申请，并在网站登载中英文申请书。递表后，散户便可以在披露易或者港交所网站中，查询该企业的招股书，此时的招股书还不是完整的，但概要信息已经可以查看。

2. 聆讯

上市委员会审阅新上市申请，确定申请人是否适合进行首次公开招股。上市委员会在这个阶段会审核上市公司的申请，全面地评估公司，包括申请人的各种材料的合规性，确定公司是否具备上市条件等。

3. 路演

聆讯结束、上市申请获得批准之后，拟上市公司和承销商便可以开始一系列的股票发行宣传工作，具体包括向准投资者介绍公司的业绩、产品、发展方向、投资价值，并且回答投资者相关问题等。路演有三次，即非公开路演、分析师路演和全球路演。

4. 招股

在发行阶段，公司会根据市场情况以及投资者的认购意向确定最终的发行价。香港以配售和公开招股为主要方式。招股开始即可申购。

5. 公布配售结果

申购结束后，大约有 7 个工作日的冻资时间，中签结果公布后可以在披露易查看或者等待经纪人或者券商的通知。绝大部分公司可以从配售结果知晓该股在暗盘中的涨跌情况，然后当日就开始在暗盘中交易。

6. 暗盘交易

暗盘是指场外交易市场，在中国香港一般用于新股上市前交易，于新股上市前一个交易日收盘后在某些大型券商内部交易系统中客户之间进行的交易。

7. 挂牌

公司成功挂牌上市，所有的投资人都可在市场中正常交易。

三、香港 IPO 上市的主要方式

对于内地企业而言，在香港 IPO 上市主要包括两种方式：一是 H 股方式；二是红筹股方式。两种方式需要结合公司的具体特点综合权衡和选择。

H 股方式是以境内公司的名义，向香港证券主管部门申请发行、登记注册并发行股票，向香港交易所申请挂牌上市交易。H 股方式的主要特点是上市主体是根据《中华人民共和国公司法》在中国境内登记设立的股份有限公司，因此，其注册登记、公司治理受中国相关法律法规的管辖，而且境外上市需要中国证监会批准。根据 2015 年证监会发布的《股份有限公司境外公开募集股份及上市（包括增发）审核工作流程》，境内股份有限公司境外首次公开发行并上市及境外增发两项行政许可申请由证监会国际合作部进行审核。境外上市地监管机构依照上市地的有关规则同步进行审核。

采用 H 股方式的主要不足之处在于股份暂不能实现全流通。内地企业以 H 股直接上市存在两种情况：一是 A 股和 H 股两地上市；二是仅 H 股上市。A 股和 H 股两地上市方式下可以实现股份的全流通。但是仅在 H 股上市方式下，大量的非境外上市股份并不能上市流通，这部分股份需要在中国证券登记结算有限责任公司进行登记存管。目前仅有建设银行和中国航天科工实现了 H 股全流通，其他公司尚不能实现 H 股全流通。

2018 年 4 月 20 日，中国证券登记结算有限责任公司和深圳证券交易所联合制定了《H 股"全流通"试点业务实施细则（试行）》，正式启动 H 股"全流通"试点。H 股"全流通"就是通过制度设计，使不能流通的内资法人股和国有股转化为 H 股，从而可在港交所上市交易。参与 H 股"全流通"试点的企业需要满足四项基本条件：一是符合外商投资准入、国有资产管理、国家安全及产业政策等有关法律规定和政策要求；二是所属行业符合创新、协调、绿色、开放、共享的发展理念，契合服务实体经济和支持"一带一路"建设等国家战略；三是存量股份的股权结构相对简单，且存量股份市值不低于 10 亿港元；四是公司治理规范。2018 年 4 月 23 日，作为首批试点公司，联想控股（HK03396）在港交所正式公告宣布，现有 8 名股东授权公司代为将其持有的合计不超过 8.8 亿股转换成可在港交所主板上市买卖的 H 股。H 股"全流通"有利于提高 H 股上市公司在港股市场的成交量和流动性，更加方便投资者交易。对上市企业大股东来讲，提高公司利润和市值的动力更强，有利于大小股东利益的一致性。

红筹股方式是指公司主要运营资产和业务虽在中国境内，但以注册在境外离岸法域（通常在开曼、百慕大或英属维尔京群岛等地）的离岸公司的名义控制境内企业，以离岸公司的名义在境外交易所挂牌交易的上市模式。

红筹股方式需要在境外避税岛设立壳公司，并通过并购境内企业实现境内业务进入境外壳公司的合并报表，进而以境外壳公司为主体申请上市，私募股权基金（PE）等基金投资者也以境外壳公司作为投资对象。通常为了降低股利预提税等税收负担，公司会选择通过在香港设立中间持股的壳公司控制境内企业和业务。这种方式具有境外上市成本低、时间短的优势。

对于以红筹股方式上市的公司，又可分为 VIE 模式和非 VIE 模式两类。VIE 模式也称为协议控制模式，是我国互联网企业境外上市的常用模式，主要目的是规避外商投资产业政策的限制。通常的协议安排包括投票权委托协议、独家服务协议、商标授权协议、业务合作协议等。通过一系列的协议控制安排，实现境内业务的控制权和收益权转移给外商投资企业。

四、香港上市需要注意的关键问题

（一）明确上市的时间进程

港交所的上市流程比较规范，正常情况下从准备上市到 IPO

完成需要 7 个月左右的时间。

首先需要进行 IPO 的前期准备工作。成立上市内部工作小组是前期准备工作的基础。工作小组负责与各中介机构、监管机构、交易所等外部机构沟通联络，并向有关各方提供相关的尽职调查资料。工作小组通常由公司高层领导、财务负责人以及内部律师等构成。工作小组的首要工作是选聘上市保荐人和会计师事务所、律师事务所、资产评估事务所等中介机构。工作小组和中介机构协同配合，开启项目，并拟定上市时间表，保证各项工作有序开展。

从确定中介机构、开启项目、确定上市时间表，到各中介机构尽职调查、起草并完成招股文件，大约需要 4 个月的时间，然后递交申报文件、参加聆讯、路演、公开配售、定价到最终上市挂牌交易。在整个上市准备进程中，如果出现突发重大事件，如重大法律诉讼或市场重大调整，有可能会影响上市的进度。因此，在上市准备之初，企业应充分考虑可能遇到的各种困难，并制定相应的预案。另外，选择合适的市场时机对保证上市成功也至关重要。

港交所上市委员会通常每周四举行上市聆讯，审批新股上市申请，一旦企业的申请获批，将刊登一份聆讯后资料，投行可公开招股，推行各地路演、投资者推介会、IPO 新闻发布会等诸类活动。港交所的上市委员会由 28 名委员组成，其成员包括：

（1）最少 8 名上市委员会认为能够代表投资者权益的人士；
（2）上市委员会认为能够适当代表上市发行人与市场从业人士
（包括律师、会计师、企业融资顾问及交易所参与者或交易所参与
者中的高级人员）的 19 名人士；（3）交易所及结算所行政总裁担
任无投票权的当然委员。

（二）IPO 中基石投资者的作用

基石投资者（cornerstone investors）是香港证券市场的特色之
一。基石投资者指企业 IPO 时在公募之前作为战略投资者申购公
司股票的机构投资者，主要是以银行、保险公司、对冲基金、主
权财富基金、养老金等为主的大型机构投资者，大型企业集团以
及知名富豪或其所属企业。对于大型的 IPO 项目，为了降低发行
风险，并赢得社会投资人的信任，企业往往会在 IPO 之前确定基
石投资者，并在 IPO 时向社会公告。基石投资者不同于风险投资
机构，其取得股份的价格是 IPO 时的发行价格，并没有折价，与
社会投资者是一样的。因此，基石投资者对公司 IPO 后的未来成
长往往有良好的预期，期待能在 IPO 后获取长期的股票增值收益。
实力雄厚的基石投资者也向市场传递了明确的信号，可以起到吸
引投资者认购的目的。

（三）境外 IPO 中的境内业务重组问题

为了符合境外上市要求以及境外投资者对公司未来的预期，拟 IPO 的公司往往需要对境内业务进行重新梳理，以突出企业的核心业务，打造符合国际资本市场要求的商业模式。业务多元化尤其是无关多元化的企业，并不适合进行 IPO 上市，因为资本市场投资者对多元化并不欢迎，具有多元化折价现象。因此，为更清晰地展现公司的核心竞争力，需要明确公司的业务范围和商业模式。

在对业务重组的过程中，需要坚持以下原则。

（1）实现控股权集中到上市主体，境内业绩可以并表于境外的上市主体。境外上市主体必须采用股权控制或协议控制（VIE 架构）的形式，实际控制境内的经营决策，并满足编制合并报表的要求，将境内业务并在境外上市主体的合并报表中。

（2）将有法律障碍而无法解决障碍的实体剥离出上市体系，确保上市体系内的资产和业务的合法合规性。

（3）将不相关业务剥离出上市体系，使核心业务突出。核心业务突出的公司更受资本市场的欢迎。

（4）避免、解决同业竞争问题，确保上市体系之外的公司与上市体系内的公司不存在同业竞争。由于同业竞争可能会导致公司控制人侵占上市公司的利益，因此，港股市场对同业竞争要求非常严格，为避免该问题，需要将同一实际控制人名下原有的相同或类似的业务进行重组，以保持上市主体的独立性。

（5）避免或减少关联交易。虽然上市对关联交易并不绝对禁止，但是要求作充分的信息披露，关联交易会增加公司财务造假和利益侵占的可能性，因此对关联交易，港交所和投资者都非常关注，为降低上市风险，应该尽可能降低关联交易的影响，保持公司业务的独立性。

（四）VIE架构的搭建

VIE（variable interest entities）即可变利益实体，最初是美国会计准则上的概念。[①]VIE架构也称协议控制模式，是指通过一系列协议实现境外公司对境内实际运营公司的实际控制及财务报表的合并，以实现境外上市的目的。VIE架构是我国企业境外上市的重要方式之一，最早在2000年由新浪赴美上市时成功采用。截至2022年7月中旬，在美国上市的280家中概股公司中通过VIE架构上市的中概股公司共164家。

VIE架构的产生背景是我国对新闻传媒、互联网、教育等特定行业的外资进入存在限制或禁止，这些行业为实现境外上市，在实务中逐渐形成了国内和国外监管机构认可的VIE架构。从法

---

① 根据美国财务会计准则委员会颁布的第46号解释，当某一实体以多数股权之外的方式对另一实体实际控制，承担其大部分风险和剩余利益，则后者即构成前者的VIE，企业编制财务报表时应将VIE纳入合并范围。

律监管层面，我国对 VIE 架构的监管缺乏统一的立法，一直处于执法的灰色地带，虽然监管当局对其一直是默许态度，但从立法的角度目前尚缺少权威的、一致性的法律支撑。香港联交所对拟上市企业的 VIE 架构予以认可，但必须满足以下条件：

（1）合约安排的设计需严限于完成申请人的业务目标。

（2）把与相关中国法规出现冲突的可能性降至最低。

VIE 架构的核心由三部分组成，即境外特殊目的公司（Special Purpose Vehicle，SPV）、境内返程外商投资企业（Wholly Foreign Owned Enterprise，WFOE）和境内经营实体。其中，境外特殊目的公司是在境外第三地（通常为避税岛）设立的空壳公司，其目的仅为持有股权，通常也是境外上市的主体。该境外特殊目的公司由境内投资者和境外投资者投资并控制。实际控制人出于税收、注册便利等种种考虑，可能在开曼群岛、中国香港等多地设立 SPV，进而控股内地外商投资企业（WFOE）。WFOE 是指在内地设立的外商投资企业，由外商投资入股并行使控制权，这种形式相对于与我国企业合资更自由和独立，易于行使控制权，也方便外汇与人民币转换出境至母公司。SPV 通过境内返程外商投资企业（WFOE），与实际控制人、境内经营实体签署一系列控制协议，以控制境内经营实体，实现境内业务纳入境外 SPV 的合并报表，并将境内经营实体的收益转移到境外 SPV。

VIE 架构的优势有以下两点。

（1）在开曼群岛等地区设立上市主体，以协议方式控制内地的经营实体，可以规避国内现有的监管政策，也可以享受避税岛的税收优惠政策以及低成本的股权转让。

（2）VIE架构方便企业融通境外的投资资金。境外基金投资可以通过境外壳公司流入境内业务实体，同时方便境外基金的退出。另外，VIE架构可以便利资金流通，便于境外资金管理平台的境外资金管理。

VIE架构的风险在于：一方面，VIE架构在政策层面仍存在不确定性，虽然监管部门目前对VIE架构的合法性予以认可，但是在法律立法层面仍存在尚未明确的事项；另一方面，对于投资者而言，VIE架构完全是以境外主体与上市壳公司的协议为基础的，虽然合同是双方自愿签订的，但是仍不排除某一方有违约的可能性，或者由于监管政策的变化，出现国外投资者无法参与或控制公司经营的情况，从而给投资者带来损失。在税务方面，VIE架构涉及大量关联交易以及反避税问题，尤其当涉及多个国家或地区时，可能面临税收制度变化导致的税务风险。

2018年7月9日，小米集团在港交所主板挂牌上市。由于小米集团旗下的小米科技从事第三方电商平台、云服务、移动通信转售等互联网信息发布业务，属于外资限制业务，因此采用了VIE架构，如图2-4所示。

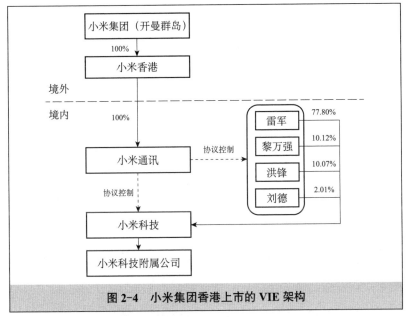

图 2-4　小米集团香港上市的 VIE 架构

资料来源：小米集团招股说明书。

　　小米集团注册于开曼群岛，作为上市主体。在香港设立一个中间持股公司小米香港，小米香港在境内设立 WFOE 小米通讯。小米通讯与小米科技及其工商登记的股东雷军（77.80%）、黎万强（10.12%）、洪锋（10.07%）、刘德（2.01%）签署控制协议，通过协议控制小米科技 100% 的股权，进而控制小米科技附属公司。该 VIE 架构确保小米科技及其附属公司能够作为可变利益实体合并到小米集团的财务报表之中。因此，VIE 架构可以看作以法律协议的形式，达到了财务并表的目的。其中之所以经过香港设置中间持股公司，主要原因是，一方面内地与香港之间的税收协定可以降低股息预提税；另一方面，以香港作为境外的投资中间平台，便于今后进行境外投融资等资金安排，后续进行境外并购、境外债券发行都可以通过该平台进行，有助于进行风险隔离，提高融资效率。

五、港股上市的案例分析：贵州银行股份有限公司

贵州银行股份有限公司（简称"贵州银行"）成立于 2012 年 10 月 11 日，是贵州省政府成立的一家领先城市商业银行，总部位于贵州省贵阳市，是由遵义市商业银行、安顺市商业银行、六盘水市商业银行合并重组设立的省级地方法人金融机构。

贵州银行的经营范围包括：吸收公众存款，发放短期、中期和长期贷款，办理国内结算，办理委托存款、委托贷款，办理票据承兑与贴现，代理发行、代理兑付、承销政府债券，买卖政府债券、金融债券，从事同业拆借，买卖、代理买卖外汇，从事银行卡业务，提供信用证服务及担保，提供代理收付款项业务，提供保管箱业务，提供保险兼业代理业务、基金销售业务，以及经银行业监督管理机构和有关部门批准的其他业务。

贵州银行坚持稳健审慎经营，建立了与业务发展相匹配的全面风险管理体系，资产质量水平持续领先同业。贵州银行持续优化内部管理，各项体制机制不断健全，人才队伍建设不断加强，全行高效有序运行。在中国银行业协会发布的 2019 年中国银行业

100 强榜单中，贵州银行排第 47 位。截至 2019 年 6 月 30 日，贵州银行的核心一级资本充足率、一级资本充足率及资本充足率分别为 10.31%、10.31% 及 12.51%，均符合中国银行业监管机构的要求。

2019 年 12 月 30 日，贵州银行在香港联交所主板挂牌上市，首次发行后，贵州银行总股本为 14 588 046 744 股，本次发行的股票占其总股本的 15.08%。贵州银行本次在港股市场发行前后的前十大股东持股情况见表 2-3。

表 2-3　贵州银行本次发行前后前十大股东持股情况

	股东名称	本次发行前		本次发行后	
		持股数量（股）	持股比例（%）	持股数量（股）	持股比例（%）
1	贵州省财政厅	1 918 500 000	15.49	1 918 500 000	13.15
2	中国贵州茅台酒厂（集团）有限责任公司	1 750 000 001	14.13	1 750 000 001	12.00
3	贵安新区开发投资有限公司	1 050 000 000	8.48	1 050 000 000	7.20
4	遵义市国有资产投融资经营管理有限责任公司	718 545 710	5.80	718 545 710	4.93
5	深圳高速公路集团股份有限公司	426 000 000	3.44	426 000 000	2.92
6	贵州水投水务集团有限公司	334 000 000	2.70	334 000 000	2.29

续表

股东名称		本次发行前		本次发行后	
		持股数量（股）	持股比例（%）	持股数量（股）	持股比例（%）
7	贵州高速公路集团有限公司	300 000 000	2.42	300 000 000	2.06
8	六盘水市财政局	284 067 540	2.29	284 067 540	1.95
9	遵义恒通实业发展有限公司	236 932 194	1.91	236 932 194	1.62
10	六盘水市民生产业投资集团有限责任公司	200 000 000	1.61	200 000 000	1.37
	合计	7 218 045 445	58.27	7 218 045 445	49.49

（一）IPO 发行概况

（1）本次发行股数：220 000 万股。

（2）每股面值：1.00 元人民币。

（3）每股发行价格：2.48 港元。

（4）每股净资产：2.323 元人民币。

（5）每股收益：0.29 元人民币。

（6）发行后市盈率：7.68 倍。

（7）发行后市净率：0.96 倍。

（8）募集资金总额：545 600 万港元。

（9）募集资金净额：530 750 万港元。

（二）IPO 后经营状况分析

贵州银行于 2019 年 12 月 30 日正式挂牌上市。根据该行的战略，将全球发售所得款项用于强化资本基础，支持银行业务的持续增长。通过分析 2018—2020 年的财务数据，可以了解企业在 IPO 后的经营状况。贵州银行 2018—2020 年关键财务指标见表 2-4。

表 2-4　贵州银行 2018—2020 年关键财务指标

关键财务指标	2020 年	2019 年	2018 年
营业总收入（亿元）	112.48	107.06	87.70
归属母公司净利润（亿元）	36.71	35.64	28.77
平均净资产收益率（%）	10.500 0	12.009 3	12.357 4
总资产净利率（%）	0.847 9	0.949 6	0.916 7
净利率（%）	32.635 0	33.287 8	32.801 6

通过表 2-4 可以看出，2018—2020 年贵州银行的营业总收入呈上升趋势，2020 年营业总收入高达 112.48 亿元人民币，相比于 2018 年上升了 28.26%。2020 年归属母公司净利润为 36.71 亿元人民币，相比于 2018 年增长了 27.60%。2020 年平均净资产收益率、总资产净利率和净利率都有所下滑，但下滑幅度较小，整体趋于平稳。另外，还应关注贵州银行的一些其他重要指标，如表 2-5 所示。

表 2-5   2018—2020 年贵州银行其他重要指标

其他重要指标	2020 年	2019 年	2018 年
发放贷款及垫款（亿元）	2 061.53	1 733.50	1 358.32
吸收存款（亿元）	2 890.43	2 602.66	2 200.84
不良贷款率（%）	1.15	1.18	1.36
拨备覆盖率（%）	334.36	324.95	243.72

　　由表 2-5 可知，2018—2020 年贵州银行发放贷款及垫款的金额不断增加，2020 年相比于 2018 年增长了 51.77%，这也是企业总资产大幅增加的主要原因。与此同时，三年来企业的不良贷款率逐年下降，到 2020 年已经下降至 1.15%，而拨备覆盖率逐年增加，2020 年已经达到 334.36%，这也体现了贵州银行应对信用风险的能力不断提升。2020 年吸收存款总额为 2 890.43 亿元人民币，相较于 2018 年增长了 31.33%。上述指标说明，贵州银行在 2019 年上市后，业务规模稳定增长，总体经营情况持续向好。

　　贵州银行的港股市场采用 H 股方式，这也是内地银行在港股市场上市的主要方式。港股市场的银行业估值基本比较稳定，市盈率通常在 5～10 倍。贵州银行上市后的股票价格走势如图 2-5 所示。

　　贵州银行上市后的股票价格基本保持稳定，在发行价附近上下波动，而同期恒生指数大幅下滑，由 2019 年末的 26 000 点跌至 2022 年 6 月末的 20 000 点附近。贵州银行保持股价稳定表明了市场投资者对其经营业绩未来预期的坚定信心。

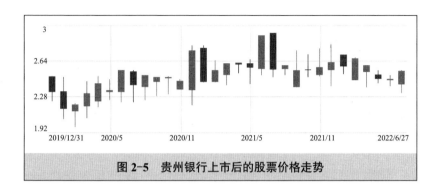

图 2-5　贵州银行上市后的股票价格走势

第 4 节　新加坡 IPO 问题分析

一、新加坡证券市场

21 世纪以来，东南亚国家的证券市场发展较快，泰国、印度尼西亚的证券市场都有很大的进步，其中最主要的证券市场位于新加坡。新加坡证券交易所采用了国际标准的披露标准和公司治理政策，为跨国公司提供了良好的投资环境，已经发展成为亚洲主要的证券市场之一。新加坡也是我国企业境外上市的主要地区之一。目前有超过 100 家中国公司在新加坡上市，涉及的行业包括制造业、基础建设、通信、商业贸易和房地产等。

在新加坡上市的优势有以下几点：（1）新加坡股市上市条件明确，门槛较低，有利于新兴而且具有潜力的中国公司在新加坡市场融资；（2）新加坡市场对制造业，尤其是高科技企业有较高的认可度；（3）新加坡没有外汇及资金流动管制，股份发行和转让所募集的资金可自由流入、流出新加坡；（4）新加坡在文化上与中国更为接近，中国公司相对会更快地适应其投资环境，又可以接触国际舞台。

随着我国 A 股证券市场的快速发展，近年来赴新加坡上市的公司开始减少，主要原因包括以下两点。一是新加坡证券市场对我国内地企业的认可程度不高，公司估值水平普通偏低且交易不活跃。这对内地企业和投资者来说无疑缺乏吸引力。二是新加坡证券市场的信息披露要求高，上市的维持成本较高，同时，公司在市场上很难取得再融资，为维护上市地位需要花费大量的资金，又很难融资变现，近年来很多公司考虑从新加坡退市，并在其他市场重新上市。

从未来的发展前景看，新加坡是东南亚国家的重要枢纽，同时作为"一带一路"沿线的重要国家，无论是实业投资还是资本方面都需要我国企业进行更多的交流与合作，利用当地的证券市场为本地化投资进行股权融资是一种可行的途径。

二、新加坡上市条件

新加坡证券交易所是亚洲首家实现全电子化及无场地交易的

证券交易所，其上市条件明确、交易场所透明。在新加坡证券制度中，股票上市条件是交易所通过《新加坡股票上市规则》来规范的，根据《新加坡股票上市规则》中对于首次公开发行股票上市的规定，企业应当满足以下发行条件，见表 2-6。

表 2-6　新加坡主板与创业板的发行条件

项目	主板	创业板
股本要求	无具体要求	无具体要求
税前盈利要求	近三年税前利润累计不低于 750 万新加坡元，其中每年的税前利润不低于 100 万新加坡元；或近一或两年的税前利润累计不低于 1 000 万新加坡元；或三年中任何一年税前利润不低于 2 000 万新加坡元，且有形资产价值不低于 5 000 万新加坡元	无要求，但注册会计师出具的审计报告不能有重大保留意见，有效期为 6 个月
营运要求	须具备三年业务记录，发行人近三年的主要业务和管理层没有发生重大变化	有三年或以上连续、活跃的经营记录，业务在新加坡的公司须有两名独立董事；业务不在新加坡的控股公司，有两名常驻新加坡的独立董事，一位全职在新加坡的执行董事，并且每季度开一次会议
最低公众持股量	公司股份的 25% 须由至少 1 000 名股东持有，如果公司市值大于 3 亿新加坡元，持股比例可以降低至 10%	公司股份的 15% 须由至少 500 个人持有
最低市值	8 000 万新加坡元	无具体要求
会计准则	新加坡或美国或国际的会计准则	无具体要求

三、新加坡上市程序

新加坡上市程序主要包括以下四个阶段。

1. 申请上市前准备阶段

该阶段主要包括拟订上市计划、实施公司重组、各中介机构尽职调查、发现公司存在上市障碍并提出解决方案、制作上报新交所和金融管理局的文件等工作。

2. 提请注册文件阶段

该阶段公司向新交所提呈上市申请书，以及处理新交所的问询。新交所的答复一般分为以下三种：不批，有条件批准，无条件批准。

3. 公开发售前准备阶段

获得新交所审批之后，即开始进行公开发售前准备工作，该阶段的主要工作包括决定公开发售价、签署发售股票协议、提呈售股计划书草稿供新交所和金融管理局批阅、向公司注册局注册售股计划书，以及为公开发售进行宣传等。

4. 挂牌上市阶段

新交所批准上市后，发行人宣布公开发售，股票开始上市交易。

由于在新加坡上市没有申请数量的限制，多家拟上市的企业的申请材料可以同时提交。从准备 IPO 上市到公司股票获准公开发售并上市交易一般需要 6 个月左右的时间，与在国内主板上市相比，极大地缩短了上市时间，提高了上市效率。

四、企业在新加坡进行 IPO 的优劣势分析

1. 与国内 A 股 IPO 相比的优势

（1）上市时间短，成功率高。目前企业要在国内 A 股上市，从提请上市到通过证监会的审核，再到最后发行上市，往往需要 2～3 年的时间，而且在国内主板上市会受到数量的限制，据统计，有 40% 的企业在国内主板上市的申请被拒。在新加坡上市时间则会缩短很多，因为新加坡 IPO 的程序相对简单、方便，且没有申请数量的限制，在新加坡从申请上市到成功发行上市一般只需 6 个月时间，且成功率比国内高。

（2）再融资成本低，难度低。目前国内上市企业的再融资成本相对较高，据统计，在国内上市的企业再融资的成功率仅为 50%。在新加坡证券市场再融资相对灵活，有需要时可随时增发，难度比国内低。

2. 与国内 A 股 IPO 相比的劣势

虽然在新加坡进行 IPO 有诸多优势，但劣势也很明显。新加坡证券市场的规模相对较小，估值水平较低，因此企业能在新加

坡募集到的资金也相对有限。

五、新加坡上市的案例分析

2020 年底，沉寂许久的影视传媒行业传来好消息，北京长信影视传媒有限公司（简称"长信传媒"）于新加坡申请 IPO 成功，顺利于新交所上市。

长信传媒是一家专注于亚太地区的戏剧、电影和音乐会的制作及推广的影视娱乐企业。长信传媒于 2018 年 5 月由郭靖宇创办成立，总部位于新加坡。长信传媒的核心业务是制作、发行和推广戏剧、电影和现场演出，拥有多元化的全产业发展格局，除了核心业务之外，集团也涉及艺人管理、拍摄资源出租、后期以及视觉特效制作等项目。长信传媒的影视作品制作与发行业务至今已在亚太地区取得了显著的成就。

长信传媒的主营业务主要包括以下几个方面。

1. 影视制作

长信传媒拥有来自新加坡、中国和马来西亚三地的顶尖跨国制作团队，该团队以郭靖宇导演为创作核心，已制作并播出的电视剧作品有《天舞纪》《小娘惹》（2020 年版）等。

2. 演唱会制作

长信传媒在此领域拥有超过十余年丰富的经验和多样化的尝

试，已成功为多名国际知名艺人举办了巡回演唱会。

3. 艺人经纪

长信传媒为以新加坡和中国为基地的演员提供艺人经纪业务。

4. 服化道服务

长信传媒为艺人和第三方制作公司提供服化道服务。

5. 后期制作与特效

长信传媒的视觉特效团队专门为各大影视项目提供富有创意的视觉效果制作，服务系列包括提供2D和3D图形、动画、特效、合成等。

综合来看，长信传媒在影视和线下演艺市场互相补足的双核打法，在内容出海上的开拓与深耕，是其业务稳健增长并于新加坡成功上市的关键。

（一）股票发行概况

（1）本次发行股数：21 696 000 股。

（2）每股发行价格：0.66 新加坡元。

（3）发行方式：18 696 000 股以国际配售的方式向投资者（机构投资者和其他投资者）配售，与公开发售同时进行，3 000 000 股在新加坡以发行价公开发售。

（4）募集资金净额：1.217 亿新加坡元。

（5）发行费用总额：0.066 亿新加坡元。

（6）募集资金净额：1.151 亿新加坡元。

（7）发行后每股收益：4.15 新加坡元。

（8）首次认购最少数目：1 000 股。

（9）发行后公司市值：7.087 亿新加坡元。

（10）筹集资金用途：通过投资制作、收购、合资和战略联盟，增加集团的影视制作业务和音乐会制作业务，以及满足公司营运需求。本次 IPO 前后公司股权结构情况如表 2-7 所示。

表 2-7　IPO 前后公司股权结构情况

股东类型	本次 IPO 前		本次 IPO 后	
	持股数（股）	所占比例	持股数（股）	所占比例
社会法人股	910 930 000	100%	921 568 000	85.82%
基石投资者	0	0	130 528 000	12.16%
社会公众股	0	0	21 696 000	2.02%
总计	910 930 000	100%	1 073 792 000	100%

资料来源：长信传媒招股说明书和 2020 年财务报表。

（二）公司的财务状况

公司的财务状况如表 2-8、表 2-9 和表 2-10 所示。

表 2-8　IPO 前 3 年主要财务指标

指标	2018 年	2019 年	2020 年
营业收入（万新加坡元）	344.2	6 600.0	12 709.5
营业成本（万新加坡元）	33.4	4 718.4	7 142.6

续表

指标	2018 年	2019 年	2020 年
营业利润（万新加坡元）	310.8	1 881.6	5 566.9
净利润（万新加坡元）	-742.0	1 243.4	3 806.6
每股收益（新加坡元/股）	-0.16	1.36	4.15
毛利率（%）	90.3	28.5	43.8

资料来源：长信传媒招股说明书和 2020 年财务报表。

表 2-9　IPO 前 3 年营业收入构成

项目	2018 年		2019 年		2020 年	
	金额（万新加坡元）	比例（%）	金额（万新加坡元）	比例（%）	金额（万新加坡元）	比例（%）
影视制作	322.2	93.6	6 065.1	91.9	10 852.8	85.4
演唱会制作	0	0	125.6	1.9	1 479.0	11.6
艺人经纪	22.0	6.4	145.0	2.2	144.1	1.2
服化道	0	0	264.3	4.0	66.6	0.5
其他	0	0	0	0	167.0	1.3
总计	344.2	100	6 600.0	100	12 709.5	100

资料来源：长信传媒招股说明书和 2020 年财务报表。

表 2-10　IPO 前 3 年现金流数据

指标	2018 年	2019 年	2020 年
经营活动净现金流（万新加坡元）	-761.6	-1 103.6	1 426.9
投资活动净现金流（万新加坡元）	367.8	-348.3	173.7
筹资活动净现金流（万新加坡元）	1 771.6	1 810.7	7 856.8

资料来源：长信传媒招股说明书和 2020 年财务报表。

通过上述表格可以看出，长信传媒在 2018 年的营业收入为 344.2 万新加坡元，其中绝大部分来自影视制作业务，比例高达 93.6%；2019 年，企业新增了演唱会制作业务和服化道业务，同年为几位知名艺人举办了巡回演唱会，为企业贡献了部分收入。2019 年企业营业收入达到 6 600.0 万新加坡元，同比增长了1 817.5%，其中大部分的收入同样是来自影视制作业务，比例达到 91.9%。2020 年，企业营业收入达到 12 709.5 万新加坡元，同比增幅为 92.6%，其中影视制作业务仍然是企业的主要业务，收入占比达到 85.4%，其次是演唱会制作业务，占比达 11.6%。由此可以看出，在 2020 年行业虽然受到了新冠疫情的冲击，但是企业的盈利并未受到影响，反而还实现了大幅增长，企业的毛利率从 2019 年的 28.5% 提升至 43.8%，全年实现净利润 3 806.6 万新加坡元，同比增长 206%。

此外，公司现金流的状况也大幅好转，在 2020 年，企业的经营活动净现金流达到 1 426.9 万新加坡元，而 2019 年同期经营活动净现金流为 -1 103.6 万新加坡元，实现了转负为正、扭亏为盈。投资活动净现金流增长幅度不大，但也实现了转负为正。公司在 2020 年进行 IPO 上市融资，使得企业的筹资活动净现金流达到了 7 856.8 万新加坡元，相比 2019 年实现了大幅增长。因此，经营活动、投资活动、筹资活动净现金流的增长给企业带来了大量可支配的现金流。

综合来看，充足的现金储备以及经营状况的改善，能够帮助企业更高效地进行内容创作和影视制作，进而给企业带来更多的盈利，实现业绩稳步增长，从而达到良性循环。

（三）上市后的股价表现

长信传媒上市后的股票价格走势见图 2-6。

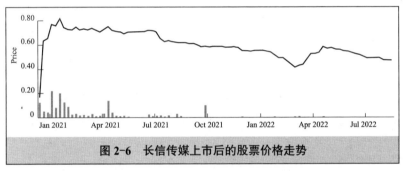

图 2-6 长信传媒上市后的股票价格走势

资料来源：富途证券。

如图 2-6 所示，在 IPO 上市以后，长信传媒的股票价格经历了近 1 个月的上涨，从发行价格每股 0.660 新加坡元最高上涨到 0.843 新加坡元，但随后股价开始长期下跌，最低曾跌至 2022 年 3 月份的 0.394 新加坡元。二级市场定价总体上并不理想，投资者对其未来的业绩比较担心。

2021 年公司的业绩出现大幅下滑，营业收入下降 34.44%，净利润下降 89.75%，这给市场带来了非常不利的信号，也是导致公司股价低迷的重要原因。公司在新加坡上市的不足之处在于后续的股票定价相对较低，交易并不活跃，这也是导致近年来赴新加坡上市的公司较少的重要原因。

第 5 节 其他国家 IPO 问题分析

一、中亚国家的证券市场

中亚地区是共建"一带一路"的重要区域，中亚五国哈萨克斯坦、吉尔吉斯斯坦、土库曼斯坦、塔吉克斯坦、乌兹别克斯坦近年来与我国的经济联系日益密切，其原有的金融体系也在进行不断改革和重组，金融体系在经济中的核心地位日益凸显。我国与中亚五国在经济结构上有很强的互补性，中亚五国也是"一带一路"沿线的重要枢纽。探讨与中亚五国资本市场的合作机会对促进我国与中亚国家经济合作具有重要意义。

哈萨克斯坦、吉尔吉斯斯坦、土库曼斯坦、塔吉克斯坦、乌兹别克斯坦五国的金融体系中，商业银行等间接融资方式仍然是最主要的融资方式，证券市场仍处于起步发展过程之中。在中亚五国中，主要的证券交易所包括哈萨克斯坦证券交易所和塔吉克斯坦亚洲证券交易所。

哈萨克斯坦证券交易所（简称"哈交所"）位于哈萨克斯坦第

一大城市阿拉木图。哈交所成立于 1993 年 11 月，由哈萨克斯坦中央银行（简称"哈央行"）和 23 个地方主要商业银行共同发起，起初为哈央行下属的外汇交易所，主要任务是建立和发展国家货币市场，此后又建立了债券市场。2007 年，哈交所实施股份制改革。2018 年，哈交所与莫斯科交易所签署战略合作协议。目前，哈央行持有哈交所 49.1% 的股份，莫斯科交易所持有哈交所 3.4% 的股份，其余股份主要由银行、券商等持有。哈交所有股票、债券、货币、外汇和衍生品五大市场，其中，股票市场发行人有哈萨克斯坦本国公司和外国公司。股票市场有全球存托凭证等产品，债券市场有政府债、央行票据、企业债等产品。截至 2019 年 7 月，哈交所上市公司总数达到 123 家，总市值为 414 亿美元，2018 年全年交易总额为 15.3 亿美元。

塔吉克斯坦亚洲证券交易所是塔吉克斯坦财政部于 2015 年批准成立，并于 2016 年初开始运营的，是塔吉克斯坦境内唯一的证券交易所，具有开展股票、债券、衍生工具、货币市场工具或商品交易活动的权限。

根据 2017 年 8 月 31 日签订的《中华人民共和国和塔吉克斯坦共和国关于建立全面战略伙伴关系的联合声明》，塔吉克斯坦积极响应中国提出的"一带一路"倡议，立足中亚，布局全球，长期为所有参与"一带一路"倡议的企业提供更好的发展平台。

从目前来看，中亚国家的证券市场尚处于起步阶段，整体上还有很多制度需要规范。从未来的发展潜力来看，中国和中亚国家有必要在互信的基础上加强中亚国家证券市场的合作，为实现企业跨国合作提供更好的资本平台。

二、欧洲国家的证券市场

（一）英国股票市场

英国是重要的国际金融中心，英国股票市场是欧洲最大的股票市场，伦敦证券交易所（简称"伦交所"）成立于 1773 年，是世界上最重要的交易所之一，包括四大板块：主板市场、另类投资市场、专业证券市场和专家基金市场。伦敦证券交易所的境外上市公司约占 30%，工业、金融和资源类公司占比较高。

随着中国经济逐步转向高质量发展，需要构建全面开放新格局，与国际资本市场的融通结合成为我国企业"走出去"的必然渠道。为此。从 2015 年开始，上海证券交易所（简称"上交所"）与伦敦证券交易所就互联互通开展了讨论。至 2019 年，《中国证券监督管理委员会 英国金融行为监管局 联合公告》的发布，标志着"沪伦通"制度正式启动。

"沪伦通"制度一方面有利于打通 A 股公司在英国资本市场的融资渠道，为企业的国际化铺平道路；另一方面有利于增强上海金融中心的国际影响力与竞争力，作为国际金融中心的英国与上海的联通能够推动上海成为全球金融一体化网络中的重要一环。

通过"沪伦通"制度，上海证券交易所的 A 股上市公司可以在伦交所发行全球存托凭证（global depository receipt，GDR），伦交所的上市公司也可以在上交所发行 GDR。中资企业发行的 GDR 可以是已上市的 A 股股票，也可以是新增发的 A 股股票。对于新增发的 A 股股票，发行价格原则上不能低于发行日前 20 个交易日 A 股股票收盘均价的 90%。GDR 是以某一个国家公司的股票为基础，在其他国家如英国、瑞士、德国等资本市场发行并上市代表该基础证券权益的证券。每份 GDR 都代表一定数量的基础证券。

自"沪伦通"制度建立以来，截至 2022 年 7 月末，已经有 4 家 A 股公司成功在伦交所发行了 GDR 并挂牌上市，包括华泰证券、中国太保、国投电力、明阳智能。以明阳智能的 GDR 发行为例，明阳智慧能源集团股份公司（简称"明阳智能"）是中国的风力发电机制造企业。2022 年 7 月 8 日，公司在伦交所递交招股书，发行 GDR，于 7 月 13 日在伦交所正式挂牌上市。行使超额配售权以前，本次发行的 GDR 共计 31 280 500 份，发行的价格为每份 21.00 美元，募集资金总额为 656 890 500 美元。每份 GDR 代表 5 股公司 A 股股票。发行后，由于行使了超额配售权，额外发行了 2 380 000 份 GDR。这次发行 GDR 募集资金的用途为：大部分将用于提升集团的风机制造和销售能力（包括研究、制造和销售集团风机），其余部分将用于促进集团的国际化战略落地以及提升集团的光伏、储能和氢能实力，剩余部分（约 10%）将用于营运和一般企业用途。

对于利用"沪伦通"制度实现跨境上市的公司，一方面可以利用伦敦证券交易所的融资功能提高融通国际资本的能力，进而提升公司在海外投资扩张的能力；另一方面可以利用国际资本市场的信息披露功能，提高公司在国际市场上的品牌知名度和市场信誉。同时，跨境上市的公司也面临着更高的信息披露要求和披露成本。

（二）瑞士证券市场

瑞士证券交易所是瑞士的主要证券交易所之一，位于苏黎世，是欧洲第三大证券交易所，有超过 50 000 种股票、债券、交易型开放式指数基金（ETF）以及基金类产品，大约有 250 家上市公司。瑞士证券交易所可以进行多种形式的上市，包括直接 IPO 上市、双重上市（dual listing，指已经在其他证券交易所上市的公司申请在瑞士证券交易所上市）、再上市（relisting，指公司的已上市股票从一个证券交易所转换为瑞士证券交易所）、公司分立（spin-offs）、借壳上市（reverse merger）等形式。

瑞士证券交易所的上市要求包括：（1）企业需存在三年以上；（2）按照上市所需的报告标准编制财务报表至少三年；（3）已

任命一名符合瑞士法律要求的独立审计师；（4）合并股本至少为250 万瑞士法郎，以及能够在瑞士支付股息和开展其他公司活动（视情况而定，通过任命瑞士支付代理人）；（5）上市的股票类别必须至少有 20% 的自由浮动，预期市值至少为 2 500 万瑞士法郎；（6）发行人必须发布一份上市招股说明书，其中至少包含上市规则规定的最低要求，以及一份简短的官方信息；（7）企业的上市申请必须交由认证过的人员与机构递送。

瑞士是世界领先的金融中心之一，以其规模、可信度和稳定性闻名于世。作为一个稳定的和实力强大的经济体，瑞士货币坚挺，同时拥有强大的监管机构，企业可以借由瑞士方便地进入欧洲市场及全球市场。随着美国证券市场对中概股的态度发生转变，我国企业的境外上市面临困境，打开瑞士证券市场的融资渠道，将为我国企业带来新的发展机会。可以预见，瑞士可能成为我国企业未来重要的海外证券发行市场。

2022 年 2 月，在原有"沪伦通"制度的基础上，中国证监会发布《境内外证券交易所互联互通存托凭证业务监管规定》，在制度上进一步打开了 A 股上市公司境外上市的大门，将"沪伦通"扩展为"中欧通"，境内符合条件的上交所和深交所上市公司可以到境外包括瑞士、德国等欧洲主要证券市场发行上市。2022 年 7 月，中国与瑞士证券市场互联互通存托凭证业务正式开通，开启了两国金融合作的新篇章。

2022 年 7 月 28 日，A 股四家上市公司格林美（002340）、国轩高科（002074）、杉杉股份（600884）、科达制造（600499）顺利发行 GDR 并在瑞士证券交易所上市交易。以国轩高科为例，作为我国 A 股上市公司中第一批在瑞士证券交易所上市的公司，该公司的主要经营业务为锂离子电池及其材料的研发、制造与销售。2022 年 7 月，该公司发行 GDR 并在瑞士证券交易所上市，获中国证监会和瑞士证券交易所核准，该公司发行的 GDR 数量为 22 833 400 份，发行价格为每份 30 美元，每份 GDR 代表 5 股公司基础证券 A 股股票，所代表的基础证券 A 股股票为 114 167 000 股，募集资金总额约为 6.85 亿美元，公司的 GDR 于苏黎世时间 2022 年 7 月 28 日正式在瑞士证券交易所挂牌上市。

国轩高科此次发行 GDR 募集资金的投资项目围绕公司主营业务，基于公司长远发展的战略布局，支持公司国际业务的外延式增长，进一步扩展海外业务发展和优化资源配置。募集资金 6.85 亿美元到位后，公司总资产规模相应扩大，自有资金实力有效提升，对公司长远发展规划产生了积极作用，对公司的盈利能力起到积极的影响。

目前 A 股上市公司在瑞士证券交易所发行 GDR 的流程一般为：公司明确海外股票发行的政策，经过董事会决议通过有关发行 GDR 的相关决议，由股东大会批准相关发行决议，然后报中国证券监督管理委员会批准，同时取得瑞士金融市场监管局批准，之后在瑞士证券交易所公开发行并上市。

（三）"中欧通"制度的影响

2022 年 2 月，中国证监会正式发布《境内外证券交易所互联互通存托凭证业务监管规定》，标志着证券市场"中欧通"制度正式启动。这是继"沪港通""深港通""沪伦通"之后我国证券市场的进一步突破，同时意味着我国证券市场的国际化步伐进一步加快。此次"中欧通"制度改革的主要内容是拓展了互联互通的适用范围，境内方面，在原有上海证券交易所的基础上，增加了将深圳证券交易所符合条件的上市公司纳入发行互联互通存托凭证业务的范围；境外方面，在综合考虑境外市场发展程度、投资者保护和监管水平等因素的基础上，在伦敦的基础上增加了瑞士、德国等欧洲主要市场。中国资本市场互联互通的发展历程如表 2-11 所示。

表 2-11　中国资本市场互联互通的发展历程

时间	事件	影响
2014 年 11 月 17 日	"沪港通"制度建立	沪市 A 股和香港投资者可以买卖规定范围内的对方交易所上市的股票
2016 年 12 月 5 日	"深港通"制度建立	深市 A 股和香港投资者可以买卖规定范围内的对方交易所上市的股票
2019 年 6 月 17 日	"沪伦通"制度建立	部分 A 股上市公司与伦敦证券交易所之间互联互通
2022 年 2 月 11 日	"中欧通"制度建立	部分 A 股上市公司与英国、瑞士、德国等欧洲主要证券市场之间互联互通

对比于前期的"沪港通"、"深港通"和"沪伦通"制度,"中欧通"制度实现了 A 股市场上市公司与欧洲市场互联互通的进一步拓展。相对于前期仅是二级市场的互联互通,"中欧通"制度真正实现了交易所层面的互通和上市公司层面的资本互联,对我国企业的海外融资、市场估值、人民币国际化以及国际金融合作都将产生积极影响。

(1)"中欧通"制度拓展了我国上市公司海外融资的选择空间。相比之前的"沪港通"制度和"深港通"制度仅限于二级市场的互联,"中欧通"制度在"沪伦通"制度的基础上,直接实现与瑞士和德国一级市场的互联,通过直接发行 GDR 或 CDR(中国存托凭证),实现公司层面的双向资金融通。在中美证券市场脱钩的背景下,建立中国和欧洲市场的互联互通机制能够有效增加我国企业的融资渠道。瑞士市场可能成为今后我国上市公司跨境上市的新方向。瑞士在国际社会以中立国著称,且 2019 年与我国签署了"一带一路"谅解备忘录,政治风险相对较低,金融服务市场发达,通过与瑞士在国际金融领域的合作,可以加大"一带一路"倡议的影响力,并提升我国企业的国际化资本运作水平。

(2)在市场估值方面,"中欧通"制度对 A 股来说具有重要意义。由于我国的 A 股市场长期是散户为主导,建立"沪港通""深港通""沪伦通""中欧通"制度,有利于改变投资者的投资理念,优化 A 股投资者结构和估值参照系。郭阳生等(2018)

研究认为，"沪港通"制度能够降低股价崩盘风险，主要是因为其改善了上市公司信息环境，还提高了股票流动水平，可以将境外市场的估值作为参照。"中欧通"制度将有利于完善和发展国内的市场估值体系，提高投资者对企业的理性投资和判断能力，这对我国资本市场长期稳定发展是十分有利的。

（3）在上市公司层面，市场联通对上市公司的投融资以及信息披露行为都会产生影响。通过对前期"沪港通"制度的研究发现，"沪港通"制度通过改善公司治理和减少融资约束来提升企业的投资效率（辛莹莹和徐培哲，2019），提高上市公司的现金股利支付比例（陈运森和黄健峤，2019），约束上市公司的盈余管理行为（师倩和高雅妮，2018）。"中欧通"制度的开启直接实现了上市公司层面的互联互通，公司通过发行 GDR 实现双重上市，对公司信息披露、投资效率和融资成本、股利支付都可能产生影响。

（4）在人民币国际化方面，"中欧通"制度的建立，使得欧洲的大型投资机构可以在欧洲的证券交易所交易各种类型的人民币资产，提高了人民币资产的流通性和认可度。"中欧通"制度将实现中国与欧洲发达资本市场的连接，人民币资产交易将更加普及，有利于提高中国资本市场的国际影响力，推动中国资本市场的开放程度进一步提升。

"中欧通"制度是落实党中央、国务院关于扩大金融开放战略部署，推动深化中欧资本市场互利合作的重要举措。在当今错综复杂的国际政治经济环境下，"中欧通"制度体现了我国证券市场坚定不移地对外开放的决心。在上市公司层面、投资者层面以及交易所制度层面都将推动中国资本市场的国际化水平进一步提高。

第 3 章
跨境并购交易中的财务问题

　　伴随着中国整体经济实力的提升，企业竞争力的突破式发展和开拓市场的需求使得我国企业开始注重资本输出，努力进军国际市场。在过去十几年里，我国企业的跨境并购风起云涌。在"一带一路"倡议的推动下，我国大量企业开始进行境外业务布局。通过跨境并购方式可以快速拓展国际市场，然而，在我国企业迅猛开展跨境并购活动的同时，风险也随之而来。我国企业如何在跨境并购交易中有效识别和防范财务风险成为理论和实践领域必须严肃面对和认真探究的议题。

第1节 跨境并购的理论背景

一、企业并购的概念与分类

（一）企业并购的概念

并购（merger and acquisition，M&A）是企业兼并和收购的简称，其核心在于对企业资源控制权的转移。一般意义上的企业并购是指企业运用特定的渠道和经济偿付方式，获得其他企业的股权或者资产，以达到对标的企业的控制或者影响，从而增强自身的竞争优势，实现产业结构的调整和企业价值的增值，因此，也是一种新型的产业力量。企业间兼并、企业资产收购、企业股权收购是企业并购的三种比较重要的形式。

跨境并购是并购企业与目标企业分处于不同的国家，因此其并购行为受到至少两个国家的相关法规的约束。由于存在着更严重的信息不对称、更高的交易成本、更多的法规约束以及更大的不确定性，跨境并购的财务风险要远高于境内并购交易。

（二）企业并购的分类

企业并购的划分类型有很多，行业属性和出资方式是比较常用的分类标准。

从并购企业与目标企业所属的行业关系来看，并购可以划分为横向并购、纵向并购和混合并购三类。横向并购主要是指生产相同类产品或者有相近生产工艺的企业之间的并购，某种程度上也可概括为竞争对手之间的合并。横向并购最直接的目的是集中企业间的各种资源，产生规模经济，从而扩大市场份额。纵向并购是指处于同一产业链上下游的企业间的并购，主要是与上游的供应商或者下游的客户进行的并购。获取同本企业生产密切相关的生产物料、营销资源和管理经验是企业纵向并购的主要动因。混合并购是指既没有行业关联又没有上下游产业链关联的企业之间发生的并购，依据行业的生命周期理论，为了应对行业成熟期的激烈竞争以及行业生产力过剩导致的衰退期的到来，企业需要运用非相关多元化的经营策略，监控潜在并购机会，切入新的市场，以降低长期经营一个行业所带来的业务集中风险。

从出资方式的角度看，大体上有现金并购、股票并购和承债并购三类。

现金并购是指并购方动用自身的现金去购买目标企业全部或大部分资产或者股权以实现对目标企业的控制。该种方式的优势在于：一是提高并购效率，现金是并购市场上被公认的支付方式，并购方的现金支付优势往往能大大提升并购速度；二是能够维持公司的控制权，防止股权被稀释，但这种方式会增加并购方的资金压力。

股票并购主要是指企业采用股票置换的方式进行的并购行为，包括以本企业股权支付和以其控股企业股权支付两种类型。其优势在于股票并购属于免税并购，并购双方可以免交所得税，目标企业股东不用立刻交纳因置换股票而获得并购企业股票所形成的资本利得产生的所得税，可以在并购方出售股票并取得收入时，再交纳所得税，另外也可以继续享受弥补以前年度累积亏损的税收优惠政策。不足之处在于股权并购程序和手续复杂，需要就交易双方自身的估值达成一致，可能会延长谈判周期甚至因此改变并购双方的意图。

承债并购是指通过承担目标企业债务的形式去控制目标企业。当目标企业资不抵债或者净资产几乎为零时，并购方可以采用这一方式。其突出的优势是可以使用很少甚至不使用资产就能达到并购目的，但是由于诸多不确定因素以及市场中利益主体的趋同和差异性，需要合理界定负债的杠杆区间。企业承担了更多的债务会对现金流造成一定的压力，过高的资产负债率也会影响企业的融资及企业其他业务的发展。

二、企业并购的历史回顾

纵观企业并购的发展历史，可以发现并购市场的总体发展脉络是有规律可循的。企业并购浪潮始于 19 世纪末的美国，美国至今出现了六次并购浪潮，见表 3-1，这些并购浪潮极大地改变了美国的产业结构，对推动美国经济的发展起到了重要作用。

表 3-1 美国历史上的并购浪潮

时间	驱动因素	并购类型	关键影响	典型交易
1897—1904 年	提高效率	横向并购为主	提高集中度	美国钢铁 标准石油 通用电气
1916—1929 年	第一次世界大战及战后繁荣	纵向并购为主	提高行业集中度	联合化学 通用汽车
1965—1969 年	股市牛市 持续经济繁荣	混合并购为主	跨行业集团	通用电气 立顿公司
1981—1989 年	股市牛市 经济繁荣	敌意并购兴起 杠杆收购	垃圾债券市场 兴起	KKR 收购 RJR 纳贝斯克
1992—1999 年	经济复苏 股市牛市 全球化	横向并购为主 海外并购活跃	并购数量和价格 水平创历史纪录	美国在线收购 时代华纳 埃克森收购美孚 波音收购麦道
2003—2008 年	低利率 股市牛市 全球经济繁荣	海外并购 私募股权基金 带动并购	世界经济同步性 不断提高	宝洁收购吉列 米塔尔收购安 赛乐

资料来源：唐纳德·德帕姆菲利斯.收购、兼并和重组：过程、工具、案例与解决方案：第 7 版.北京：机械工业出版社，2020.

　　第一次并购浪潮发生在19世纪末到20世纪初（1897—1904年），在此时期，工业技术快速发展，尤其是铁路交通的发展，为企业扩张规模提供了有利条件。大批行业，特别是矿业和制造业大规模进行横向并购、扩张规模。横向并购在这一时期占比达到78%，集中资源、垄断市场是这一时期并购的主要目的，也形成了一批行业巨头，如标准石油、通用电气、美国钢铁等。

　　第二次并购浪潮是1916—1929年。这段时期的并购交易以纵向并购为主，占比达到70%~80%，通过此次并购浪潮，大量企业产业链沿垂直方向进行整合，形成了规模庞大的企业集团。

　　第三次并购浪潮是1965—1969年，美国经济在20世纪60年代经历了一段增长的黄金时期。这次并购浪潮以混合并购为主，多元化并购约占80%，分散风险、分散行业成为这一时期企业主要的并购目的。这段时间美国涌现了一批业务范围广泛的跨行业集团企业。

　　第四次并购浪潮是在20世纪80年代，在垃圾债券市场兴起的背景下，杠杆收购成为此次并购浪潮的重要推动力，一些"现金牛"类型的行业如石油、航空、医药、金融等成为杠杆收购的主要目标，并购的目的也从管理公司转变为从企业买卖中获利。

　　第五次并购浪潮发生在20世纪90年代，1991年海湾战争结束以后，美国经济强势复苏，带动了并购市场的快速发展。这次并购浪潮与第一次并购浪潮相似，是以加强核心业务能力的横向并购为主，且海外并购更加活跃，大型跨国公司开始在全球范围内布局其业务，如英国沃达丰收购美国 AirTouch 通信公司，之后又收购了德国电信公司曼内斯曼，成为欧美第一大电信服务公司。

第六次并购浪潮发生在 2003—2007 年，这段时期的并购是在全球经济复苏的背景下，企业通过跨境并购进行全球扩张，以横向并购为主。在私募股权基金的推动下，大型跨国公司通过并购交易实现了技术、人才的聚集和市场的全面扩张。这次并购浪潮直至 2008 年金融危机爆发才渐渐退去。

根据《经济学人》主编帕特里克·福尔斯（Patrick Foulis）的判断，2012 年以后全球的并购交易开始缓慢增加，在 2015 年达到峰值，在反垄断不断加强、民粹主义盛行的背景下，2017 年并购交易量开始减少。

三、跨境并购的文献综述

（一）关于跨境并购的特点分析

近一个多世纪以来，世界经济的迅速发展是全球资本流动的结果，也得益于经济资源在全球范围内的优化配置。跨境并购是企业实现全球资本扩张的重要手段，对于实现全球经济一体化具有强大的助力作用。

在跨境并购具有的特殊属性方面，弗吉尼亚大学的工商管理学教授罗伯特·F.布鲁纳（2010）认为，跨境并购具有更强的核心业务相关性，主要以现金支付，目标公司主要是无形资产少的制造企业。在海外并购动因方面，罗伯特·F.布鲁纳通过大量的案例研究，总结了跨境并购交易活动背后的驱动力量：利用市场的非完备性和市场失灵获取利益、获得重要无形资产，通过地域多元化及经济活动的非完全相关性降低风险，利用资本市场与外汇市场环境的差异进行套利。在海外并购财务风险的识别与防范方面，Perry（2004）认为，随着兼并和重组事项变得日益频繁和复杂，尽职调查活动变得越来越重要。一项成功的尽职调查需要借助专业的中介机构的力量，关注重点，并能够揭示出隐藏的企业信息尤其是企业风险。Deng（2009）提出，越来越多的中国企业使用跨境并购的方式去获取战略性的资源，在并购实施之前以及过程中需要了解标的企业所在国政治和经济方面的相关政策，切实防范和把控可能遇到的财务风险。Mantecon（2009）站在并购方的角度，通过实证分析提出了降低跨境并购风险的建议，他认为相比于境内并购，跨境并购给并购方带来了更大的挑战，不仅存在估值方面的风险，异国的政策风险也是重大的限制性条件，在跨境并购面临众多不确定因素的情况下，合资企业制度是降低交易风险的有效机制。

我国企业跨境并购起步较晚，学术界对企业进行跨境并购及相关的财务风险研究不多，并且大部分的研究是建立在西方理论学派的研究成果之上，主要聚焦于国企的跨境并购。

2008 年的金融危机是我国企业正式参与跨境并购的起点。全球金融危机让西方国家的经济和金融体系受到严重的打击，我国企业反向意识到全球经济一体化的趋势并抓住了这一机会，开始积极在跨境市场寻找投资并购机会。近些年，随着中国市场经济的发展，民营企业逐渐成为跨境并购的主角，《中国企业跨境并购特别报告》显示，2016 年我国民营企业跨境并购金额超过国有企业。

随着中国经济实力的提升以及国内外市场对于资本流动的需求，中国的跨境并购规模还会继续井喷式增长，与此同时，理论界需要结合中国国情，对并购财务风险的识别和防范措施进行深入研究，为我国企业跨境并购保驾护航。

第一方面是关于企业跨境并购财务风险的概念的探讨。裴淑红和孟鑫（2016）认为，跨境并购中的财务风险是指企业在跨境并购中，由于设定的融资、支付目标及价值评估等财务决策而引发的企业财务状况的不确定性，并购后实际的经营成果与预期产生较大偏离，使得企业陷入财务危机。财务风险贯穿于企业并购活动的始终，主要有战略决策风险、估值风险、融资风险、支付风险和财务整合风险。第二方面是对跨境并购财务风险成因的探讨。姚俊宇（2017）对跨境并购的主要财务风险进行分析，发现风险成因主要集中在三个方面：并购动机不明确、不对称的信息传递以及并购筹划和整合过程中的非专业性。第三方面是关于对我国企业应对并购财务风险的建议的探讨。刘婧（2017）通过对跨境并购财务效应理论的分析，提出了中国企业防范跨境并购中潜在的财务风险的措施。首先，要根据企业当前实际的财务状况做好并购资金的计划；其次，注重并购前的尽职调查；再次，提升企业自身的经营管理能力，挑选具有战略意义的并购目标；最后，要重视并做好并购后的财务整合工作，更好地服务于公司的经营和管理。

（二）跨境并购的动因分析

在学术界，对企业进行跨境并购动因的探讨有很多种，大致可以归为以下几种类型。

1. 经济全球化的推动

李俊杰（2013）认为跨境并购是境外投资的重要形式之一，而境外投资是外向型经济发展的必然趋势。随着经济全球化向纵深发展，在国家政策的引导下，越来越多的中国公司参与跨境并购，这对于完善我国开放型经济体系具有重要意义。企业的发展需要从市场上获取所需的资源，具有战略眼光的企业不仅需要把握住国内市场，还需要拓宽发展边界，去境外市场寻求更优质的资源、技术、品牌以及先进的管理等，将自身融入经济全球化中，进行资源的最优配置，谋求企业新的经济增长点，实现企业的长足发展。

2. 发挥协同效应

企业进行跨境并购一个重要的考量是发挥整合后的协同效应，应在整合过程中紧紧围绕企业核心能力的塑造和提升来进行，从而实现最佳的并购效果。通过整合实现双方业务 1+1>2 的结果，在销售、市场、技术等方面强强联合以创造价值，或通过优化供应链、合并后台及系统等削减成本以创造价值。并购的协同效应有很多种类型，比较常见的是：经营、管理以及财务协同效应。

（1）经营协同效应。经营协同效应指的是在完成并购之后，实现协同的企业在生产经营活动方面发生改善以及公司绩效提高，包括产生规模经济、纵向一体化使得成本降低、横向协同获取市场影响力或垄断权以及实现资源互补从而优化资源配置。

（2）管理协同效应。管理协同效应指的是在完成并购之后，管理效率相对较低的企业在管理活动方面发生改善以及公司效益提高。管理协同效应来源于行业和企业专属管理资源的不可分性。管理协同效应具体来说包括节省管理费用、提高企业运营效率、充分利用过剩的管理资源等。

（3）财务协同效应。财务协同效应指的是在完成并购之后，实现协同的企业在财务活动方面发生改善以及公司效益提高，包括降低企业的负债率、筹资费用和经营风险，提高企业的对外融资能力、运营能力以及投资回报率，改善企业的现金流状况，最终提升企业的价值。冯阔等（2014）基于双汇并购史密斯菲尔德（Smithfield）的案例研究，认为协同效应、规模扩张效应、集约交易成本和增强市场影响力是跨境并购的主要推动力。

3. 迅速进入新市场

为了保护本国企业和经济的发展，很多国家都会采取一些措施来设置贸易壁垒以限制外国企业和行业进入，常见的形式有关税壁垒、进口配额制、进口许可证制、反倾销、反补贴、保障措施等贸易救济措施。通过海外并购，一方面可以规避贸易壁垒，为企业在被并购企业所在国获得生产经营的权利；另一方面可以很方便地获取标的企业所在地的市场地位，避开各类贸易壁垒，大幅降低跨境交易成本，提高企业的综合收益水平，为企业的国际化发展提供更广阔的空间。除此之外，通过跨境并购，企业还可以获取对方的销售渠道，从而迅速扩大市场（刘加福、郭健全，2014）。

4. 获取战略性资源

海外并购的目的之一是获取本国所不具备的一些重要资源，如自然资源、人力资源、技术资源等。不同国家的资源禀赋存在巨大差异，利用跨境并购可以实现对本国瓶颈资源的突破，为打造完整和稳定的产业链提供资源保障。我国企业的跨境并购尤其关注对战略性资源的获取。黎平海等（2009）以中国企业在1984—2008年发生的98个跨境并购案例为样本，研究发现中国企业跨境并购的主要动因是获取战略性资源和技术以及拓展市场。刘文纲（2010）通过对16家企业的跨境并购案例进行分析后得出我国企业跨境并购的主要动机是获取被并购企业的资源及其市场影响力，以此来提高自身在国际市场上的竞争力。宋林和彬彬（2016）发现国有控股、规模越大、资产负债率越低的企业进行跨境并购越可能源于获取技术与资源的动机，而民营控股、资本收益率越高的企业则更倾向于获取战略资产与市场。

（三）跨境并购财务风险研究

国内外的主流学术观点认为企业并购的财务风险分布于企业并购的整个过程。总体来说，企业并购的财务风险是指由于信息不对称以及外部环境变化的不可控性，在并购定价、融资决策、对价支付等各项财务决策环节的并购效益低于期望值，使得企业陷入财务困境甚至可能导致并购活动以失败告终。

国内外学者对跨境并购财务风险概念的讨论很多，但并没有形成比较统一或者权威的定义。王棣华（2010）认为跨境并购财务风险是指企业在跨国并购活动中客观存在的导致资金损失的可能性，受到很多因素的影响，是使得企业无法实现财务预期并产生损失的可能性。相比于一般的并购项目，参与跨境并购的企业还会面临汇率变动、政治、监管等风险，更为复杂和不可控，往往会有牵一发而动全身的风险联动性，需要并购方做好充分的研判和风险准备。

跨境并购财务风险主要分为以下类型。

1. 估值风险

企业价值是指企业所有出资人（包括股东、债权人）共同拥有的企业运营所产生的价值，既包括股权的价值也包括债权的价值。估值风险主要发生在企业正式实施企业并购之前，对目标企业的尽调工作不够全面详尽、企业价值评估方法选择有偏差、聘请的中介机构专业能力不足等都可能导致过高估计企业的价值，增加并购成本，从而加重并购方的现金流压力或者让其背负不必要的偿债压力甚至经营性风险。

2. 融资风险

跨境并购往往需要巨额资金，并购方需要根据自身情况灵活运用多种融资工具，确定合理的融资结构。苏维和王艳芹（2017）认为并购主体需要结合自身的经营状况和未来的发展战略来确定并购资金需求量以及选择融资渠道，灵活决定外部融资的比例、现金支付和非现金支付的比例、债务性融资和权益性融资的比例，以确保并购资金及时兑付以及并购后预期的利润回报。当并购方的自有资金不足或者考虑到其他经营需求不想动用较多现金时，会通过权益性或者债务性融资筹措资金。企业面临的融资风险主要有两个方面：一是融资未及时到位的风险。并购谈判周期较长，如果企业未能在规定时间内足额筹集资金支付并购价款，不仅会导致谈判失败，还可能面临保证金、违约金、反向分手费的损失。二是融资不当带来的管理风险。权益性融资可以减少现金支付，减轻偿债压力，但是会导致并购方的股份被稀释，可能产生公司治理风险，也会为敌意收购者提供机会。债务性融资不会导致股份被稀释，且手续简单，财务费用可以税前抵扣，但是按期还本付息会给并购方带来巨大的财务压力，也可能会让企业错失很多经营和投资的机会。

3. 支付风险

并购对价支付主要有三种方式：现金支付、股权支付和杠杆支付。每种支付方式各有利弊，需要并购方做好充分的权衡并加以实施。现金支付是跨境并购中最为常见也是最有效率的支付方式，但要求并购方有非常强的筹资能力和足够的现金储备，否则会对并购方的现金流产生较大压力，甚至带来流动性风险。此外，采用现金支付取得被并购方资产或股权，被并购方股东的纳税义务即刻发生，很难有筹划空间。股权支付一般是指并购方增发股份用于支付对价，不会对企业的经营现金流造成影响，也不会给企业增加偿债压力，但是会导致股权被稀释，造成控制权减弱，可能也为其资本运营带来风险，为恶意收购者创造机会。杠杆支付主要是以债务融资的方式获取资金并支付大部分的并购款，期望在并购后获得相应的财务杠杆收益，并购方自有资金只占很少的一部分。区别于一般的债务融资，常见的杠杆支付是通过将目标企业的资产或者未来收益作为抵押获取贷款或者通过目标企业发行高风险、高收益的垃圾债券来筹措资金，利率一般会高于银行的贷款利率，一旦目标企业经营陷入困境不能获得稳定足额的现金流或者并购方没有足够的偿债资金，很可能让标的项目后续整合以失败告终，同时给并购方带来经营风险。

4. 汇率风险

一个国家的汇率从短期来看是由该国（或地区）货币兑换外币的需求和供给决定的，从长期来看影响汇率的主要因素有相对价格水平、关税和限额、对本国商品相对于外国商品的偏好以及生产率。董琳（2013）认为汇率风险一般包括交易风险和外币折算风险。一方面，跨境并购交易从签约到交割的间隔时间一般较长，中间涉及双方监管审批、全球反垄断审查等环节，有的甚至长达数年才能完成最终交割，在此期间上述因素导致的汇率波动会对最终交易价格影响较大。另一方面，大部分并购完成之后，被并购方往往还是采用所在国的币种进行财务管理，当并购方在编制年度合并报表时，需要对海外经营的子公司的外币资金按照对本位币的汇率进行折算，汇率波动会体现在合并收益中，影响报表的整体表现，这种变动主要受宏观因素影响，风险难以对冲而且无法准确预测，对于并购方来说是巨大的风险。

5. 监管风险

谢国旺（2013）认为考虑到稳定性及管理效率，大部分跨境并购完成之后，在财务管理上实行分权管理，给予被并购方充分的自主权，有些并购方会向目标企业派驻自己的财务管理团队。由于缺乏对境外财务知识的全面理解加之对境外企业经营环境的生疏，并购方一般只能从事简单的财务核算工作，很容易被架空，很难对财务经营的细节进行监管，导致资产流失问题特别严重。

6. 税务风险

很多企业缺乏海外并购经验和整合经验，对企业并购中的税务筹划不重视、对境外的税法不了解、对国家之间的税务优惠协定不熟知，导致跨境并购的税收筹划方案不合理，经常会承担较重的税负，甚至会有未及时向当地税务机关缴纳税款而被追缴滞纳金的情形。刘人明（2013）认为从跨境并购的周期来看，税务风险主要集中在三个阶段，即并购标的已有的或潜在的税务风险、并购实施中的税务风险以及并购完成后整合过程中可能出现的税务风险。

7. 财务整合风险

并购交易达成和并购交割并不意味着并购活动圆满成功，并购整合过程才是保证并购达到预期效果的关键，而财务整合更是重中之重。财务整合风险主要表现为并购主导方和标的企业在财务管理制度、财务运作方式等方面存在的差异以及并购前期遗留的估值过高或者支付方式不当等问题给企业带来的一系列后续的风险隐患。

第 2 节 "一带一路"倡议背景下我国企业的跨境并购

一、我国企业跨境并购的总体现状

随着我国社会主义市场经济的快速发展，企业规模不断扩大，一些企业开始不再满足于国内市场，"走出去"成为我国大量企业突破发展瓶颈的必然选择。我国企业"走出去"的历程早期以绿地投资（在东道国新设企业）为主，现在逐步转为以收购东道国已经存在的企业为主。跨境并购成为企业国际化运营的重要方式。在此背景下，"一带一路"倡议的提出为我国企业的国际化发展之路打开了广阔的发展空间。"一带一路"倡议激发了我国企业进行跨境并购的热情，包括国企和民企在内的大量企业开始进行境外业务布局，为培养大型的跨国公司提供了必要条件。

　　图 3-1 显示了中国在对外直接投资（FDI）流入与流出中的占比情况。

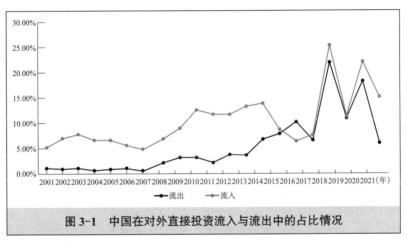

图 3-1　中国在对外直接投资流入与流出中的占比情况

资料来源：World Bank.

　　从图 3-1 中可见，2000 年以来，中国在对外直接投资中的流入比重总体上呈现上升趋势，从 5% 上升至 2021 年的 15% 左右。从对外直接投资的流出情况看，虽然 2016—2017 年出现了短暂的下滑，但总体上仍保持上升的趋势。对外直接投资的总体趋势表明我国企业在"走出去"的大背景下实现了新的突破，在全球投资格局中占有越来越重要的地位。

　　在对外投资贸易中，并购交易日趋频繁。总体上，我国企业并购交易的主要特征表现在以下几个方面。

（一）并购规模呈现较大的波动性

20 世纪 90 年代以后，FDI 的规模迅速扩大，跨境并购逐渐成为对外投资的主要渠道。进入 21 世纪，伴随着中国经济的发展，我国境内企业的对外投资额开始快速增长，中国已经成为国际并购市场的一支主要力量。过去几年我国企业跨境并购无论是规模上还是总量上都得到了快速发展，我国企业跨境并购规模快速扩大，主要是围绕获取核心技术和品牌等无形资产、业务地域扩张、扩大市场份额和优化现有业务结构几个诉求开展。图 3-2 显示了2001—2021 年来中国企业跨境并购的数量及金额变化趋势。2016年之前，我国企业的跨境并购保持稳定上升趋势，主要原因有以下 4 点。

一是企业对资源国际化配置的内在需求。大量企业在国内市场竞争中不断发展壮大，企业竞争力得到了快速提升。但是由于市场规模和技术、资源的限制，一批企业开始寻求参与国际市场的竞争来取得更广阔的发展空间，同时也借助跨境并购提升企业的技术能力和品牌知名度。

二是宏观经济政策的导向驱动企业开始拓展海外市场。"一带一路"倡议在很大程度上增加了企业进行国际化发展的信心，推动了跨境并购的快速发展。国家层面的政策推动使得更多的企业开始顺应时代的发展潮流，逐渐涉足跨国运营领域。

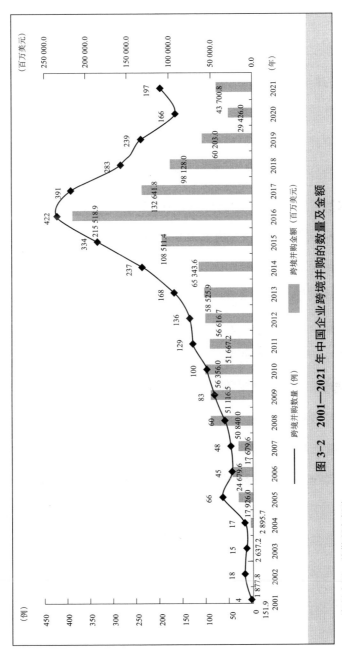

图 3-2　2001—2021 年中国企业跨境并购的数量及金额

资料来源：德勤研究报告。

　　三是国家从能源安全的战略层面推动跨境并购。对于具有重要战略意义的资源，如石油、天然气、铁矿石等，国家不断扩大国际上的影响力，通过并购保障国家的能源安全和需求。

　　四是通过并购分散国内的经济波动风险和汇率风险。跨境并购的重要作用之一就是分散不同国家的宏观经济波动风险。根据资产组合理论，资产的收益相关性越弱，组合后的收益波动性越可以有效降低。跨境并购在一定程度上可以通过不同国家之间的风险对冲有效降低企业整体的财务风险和汇率风险。

　　如图 3-2 所示，根据德勤研究报告数据，2016 年我国企业跨境并购的规模大幅扩大，涉及的交易金额达到 2 155 亿美元的历史最高峰，主要原因是人民币持续贬值，同时国内经济下行，使得部分企业加强对海外优质资产的配置以抵御风险；随着供给侧改革的持续深化和产业升级推进，国内细分行业的龙头企业需要通过跨境收购来快速完成核心技术、品牌及市场的积累；同时期政府政策支持也是加速资金出海的重要因素。

　　2016 年之后，并购规模呈现明显下降趋势，一方面是由于资本市场的下行导致资本投向更加谨慎；另一方面，国际关系的变化也日趋复杂，尤其是中美关系在贸易战的背景下不确定性大幅提升，特别是 2020 年新冠疫情的爆发，使得跨境并购交易规模有所缩小。

（二）跨境并购主体多元化

从早年我国企业跨境并购的参与主体来看，国有企业无论是从交易额上还是从交易量上均是主导方，近年来，跨境并购主体多元化趋势越发明显，受益于国家的开放型经济发展政策和国民经济的稳健发展，民营企业的实力逐渐增强，成为跨境并购的重要力量。2015 年民营企业跨境并购规模已经和国有企业非常接近，2016 年更是主导了跨境并购市场，交易数量同比增长了 3 倍，交易规模增长约 6 倍，首次超过国有企业交易总规模。民营企业成为跨境并购的主力军后，更多关注业务协同和扩张需要，通过并购来寻求领先的技术、专利和品牌资源，通过嫁接国内巨大的市场需求来做大做强。

近年来上市公司也逐渐成为跨境并购的重要力量，市场上很多巨额收购案都是由上市公司主导的，如海尔收购通用家电业务、美的收购德国库卡机器人等。我国上市公司尤其是民营上市公司普遍有市值管理的需求，通过业绩提升和管理资本市场预期来推动股价上涨，实现股权的不断增值，从而又可以以较高估值募集资金，发展业务，所以客观上有推动市值不断增长的动机。通过业绩提升来推动市值增长无疑是最好的手段，但依赖内生增长，提升效率和产品竞争力通常受产业环境和历史业务开展等影响，短期难以见效，而依靠资本进行海外扩张则可以产生立竿见影的效果。上市公司海外的估值水平相对较高，存在国内外市场套利的空间，另外上市公司的股权可以质押融资，也可以申请再融资获得融资。提升业绩的动机、充沛的资金和畅通的融资渠道使得上市公司成为我国企业"走出去"的重要力量。

（三）被并购标的行业多元化

以往中国对外投资并购主要聚焦于能源型行业，如在2010年我国企业跨境并购案例超过2/3分布在能源行业，这一阶段，大型国有企业，如中石油、中石化和中海油等一度成为我国企业跨境并购的砥柱力量，代表国家意志在海外大量收购能源等资源型企业。随着民营企业不断参与跨境并购，跨境并购行业越发多元化，如近年来先进制造、高科技、消费和传媒文娱行业吸引了大量资金。夏露（2015）认为并购行业多元化一方面是因为我国政府对战略性能源和技术类的收购仍保持积极的支持态度；另一方面则在于我国经济保持稳定增长的态势，居民收入水平不断提高，消费升级和经济结构升级成为经济发展的潮流，因此文娱传媒和技术水平较高的标的收购成为资本市场新宠。

二、我国企业在"一带一路"沿线国家的并购情况

我国企业在"一带一路"沿线国家的并购数量和金额如图

3-3 所示。

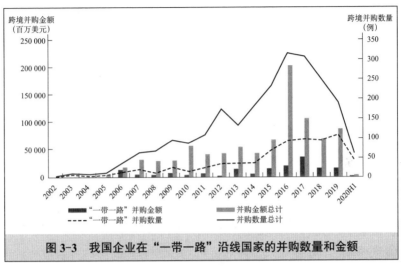

图 3-3　我国企业在"一带一路"沿线国家的并购数量和金额

资料来源：东方金诚国际信用评估公司研究发展部。

　　总体上，我国企业跨境并购的最高峰在 2016 年。2016 年以前，我国企业跨境并购数量稳步上升，"一带一路"沿线的并购数量相对占比不高。2016 年，并购交易规模快速扩大，达到历史最高峰。2016 年的并购数量和并购金额超过了前两年之和，但同时大量的资金外流给我国的外汇管理带来了严峻挑战。2016 年 12 月，为遏制资本外逃，发改委、商务部、央行和外管局发文加强对对外投资的管理和审核，严格控制对外投资和并购交易。之后中国企业跨境并购数量和并购金额明显下降。但是中国企业对"一带一路"沿线国家的并购数量和规模相较于 2016 年以前仍有所增长，2018 年我国企业围绕"一带一路"沿线发起的跨境并购共计 125 例，80 例披露交易金额，披露金额合计 288.89 亿美元。交易数量同比上涨 13.64%，交易金额同比下降 15.71%。

目前，我国企业在"一带一路"沿线的并购主要呈现以下特点。

（1）从并购的区域分布情况来看，"一带一路"沿线跨境并购以东南亚、南亚等周边区域重点国家为主，中亚和俄罗斯等地区发展迅速。

从近年来并购交易的区域分布来看，东南亚和南亚国家的并购数量占比相对较高。2020 年上半年，东南亚和南亚国家的并购数量分别占 40.96% 和 18.22%，并购交易规模分别占 40.14% 和 7.44%，其中新加坡、印度尼西亚、印度、马来西亚等国家是并购交易的主要发生国家。除此以外，中亚、俄罗斯、中东、北非地区的跨境并购额也呈现上升趋势，在这些区域国家的并购项目主要集中于能源等资源行业，充分利用其资源优势形成资源互补。区域上结合不同国家的相对优势，以周边国家为基础，由近及远逐步发展是目前"一带一路"沿线并购交易的典型特征。对于周边国家，应充分利用区位优势，加强经济合作，鼓励跨境并购交易，为跨境并购市场积累丰富的经验和夯实未来发展的基础。

（2）从并购涉及的行业看，"一带一路"沿线跨境并购行业呈现多元化发展趋势。

从行业分布来看，截至 2020 年上半年，中国对"一带一路"沿线的累计并购数量排名前 5 名的行业依次为：信息服务业（23.7%）、制造业（21.5%）、采掘业（14.4%）、批发零售业（8.4%）、金融保险业（7.7%）。2005 年以前，我国企业"走出去"主要集中于能源型企业，获取矿产能源是早期跨境并购的主要动机。在此之后，涉及行业逐步扩大至制造业和初级产品加工等行业，2015 年以后，并购涉及行业快速增加，现代服务业开始成为拉动跨境并购的重要驱动力，多元化跨境并购格局逐步形成。从行业发展特点上看，我国企业在"一带一路"沿线国家的并购已经开始从基础能源型行业向技术水平高、管理要求高的科技、媒体和通信（TMT）、金融保险、医疗健康等重要行业发展。从长期来看，"一带一路"倡议的逐步落地为沿线国家的产业合作提供了更好的平台，与制造、金融、教育、旅游等多元化行业合作将成为未来的发展趋势。

（3）从未来的发展趋势看，"一带一路"沿线并购交易将成为推动地区经济发展的重要动力。

自"一带一路"倡议提出以来，我国在"一带一路"沿线的投资规模逐步扩大，涉及的业务领域也在不断拓宽。并购交易作为重要的对外投资手段，已经在加强地区经济合作过程中起到越来越重要的作用。"一带一路"倡议逐步推动相关国家和地区间的政策沟通、设施联通、贸易畅通、资金融通和民心相通，以基础设施等行业的并购投资为借鉴，扩大与沿线国家和地区的经济合作与贸易，推动地区经济合作共赢。我国应利用基础设施供应能力和资金优势、市场优势，通过并购交易增加与"一带一路"沿线国家的经济合作深度和广度，形成共赢的多边贸易格局，不仅扩大对外投资并购规模，同时也需要进一步吸引外资，完善内部的产权交易市场，形成良性互动。并购交易以高效率的特点可以快速形成资源整合能力，有助于推动"一带一路"沿线国家经济协调发展。

周芮帆、洪祥骏（2021）分析了"一带一路"倡议下我国企业赴"一带一路"沿线国家投资的效果与机制，发现我国企业在"一带一路"倡议提出后在沿线国家的跨境并购能够实现更高的并购绩效，作用机制是并购增加了标的企业所在国家的经济效益，进而增加了沿线国家的后续资本流入。这说明我国企业跨境并购对所在国的经济环境产生了一系列良好影响，带动了沿线国家的后续发展能力。

三、我国企业跨境并购存在的主要问题

实施跨境并购对于企业来说是一项战略性的举动，需要企业站在全局的角度去权衡成本、收益和很多不确定因素，很多跨境并购案的风险最终都会体现在财务风险上，如果不能很好地加以预测和控制，很可能会导致整个并购案的失败，国务院国资委研

究中心、商务部国际贸易经济合作研究院等联合发布的《中国企业海外可持续发展报告 2015》中的数据显示，中国企业在完成跨境并购后，仅有 52% 的企业达到了盈利可观和基本盈利状态。总体来说，引发财务风险的因素有以下几个方面。

（一）缺乏有效战略目标

跨境并购对于我国很多企业而言还是第一次，缺乏相关的经验，更缺乏对并购的战略认识。企业发起并购，首先要有一个明确的战略目标，明白自己缺少什么，需要获得什么，并购效益到底有多大，在此基础上搭建交易架构，从而实现"1+1>2"的协同效应。缺乏有效的战略目标，很容易让并购的效益大打折扣，甚至导致整个并购活动以失败告终。例如明基收购西门子的手机业务，由于单方面看重企业收购的财务价值，忽视自身的经营战略，贸然进入自己不太熟悉的新领域，结果在巨亏 8 亿欧元后宣告破产。

（二）对收购风险认识不足

应该说我国进行跨境收购的企业自身一般有较强的实力，对标的企业的业务和资源价值也有较好的理解，但是受时间、地域、商务环境、监管差异、文化等因素影响，我国企业在跨境收购过程中容易对风险产生误判。常见的误判主要有乐观判断标的企业

所在国的政治环境和营商环境，如上汽收购双龙遭遇强势工会文
化冲击、万达收购西班牙大厦受政府换届影响被迫终止等。另外，
对行业发展风险分析不到位和信息不对称等也是导致海外投资大
幅亏损的重要原因，如平安投资富通时对其资产质量和结构抗风
险能力分析不足，2008年金融危机时富通重组使平安遭受超过
200亿元的投资损失，自身的偿付能力急剧下降，此后多年平安
不再踏足跨境并购领域。

（三）融资渠道狭窄

企业进行跨境并购需要强大的金融市场和资本市场做支撑。
然而，目前我国的金融市场还不完善，金融体系也没有健全，导
致境内的融资渠道不通畅、资本市场运作乏力，很难为企业的跨
境并购提供优质的金融服务，难以为企业降低相关的交易成本，
并购资金来源限制大大制约了我国企业进行跨境并购的主动性。
一方面，境内融资的约束较多、担保要求高、时间很长，涉及外
币贷款还有外汇额度的限制；另一方面，企业通过境外主体直接
融资依旧受到额度、审批程序和周期冗长的限制，很大程度上阻
碍了企业赴海外融资。

（四）并购整合能力有待加强

并购交易过程的完成仅仅是企业实现并购战略的第一步，后

期的运营和管理才是关键，这一过程中尤其需要强大的管理团队做支撑，需要通晓国际金融、国际财务、国际法律、国际企业管理并熟知跨境并购惯例，有较强的公关技能和语言能力的跨境并购人才。我国企业往往习惯在本土作战，由于文化背景、生活环境以及教育结构的差异，培养的职业经理人一般很难适应国际化的运营思维，缺乏参与跨境并购的综合能力，在被外派到被并购企业后，很难真正融入被并购企业的文化氛围和经营管理中，往往无法承担对被并购企业监督和管理的职责。典型案例如上汽并购双龙，上汽对韩国的文化以及双龙的企业文化缺乏充分的认识，并购后双方难以融合，正常的合作与企业经营难以开展，最终导致并购失败。这充分暴露了我国企业在实施海外融资过程中的典型问题，忽视双方在管理、经营、技术、品牌、渠道等方面的差异，发现问题也没有足够的能力去化解和协调，这是未来跨境并购中尤其需要加强的方面。

第 3 节　跨境并购的财务问题研究

跨境并购中的财务问题可以分为两大类：一是所有并购交易所涉及的一般问题，包括并购动机的合理性、并购双方的合法性、标的资产的独立性、公司治理的有效性、并购后重组公司的成长性、交易定价的公允性；二是跨境并购交易涉及的特殊问题，如政治与政府审批风险的应对、交易架构问题、融资问题。

一、企业并购中的一般问题分析

在并购交易决策分析中，判断并购交易是否合理应该从以下六个角度进行分析，具体包括：并购动机的合理性、并购双方的合法性、标的资产的独立性、公司治理的有效性、并购重组后公司的成长性、交易定价的公允性。

（一）并购动机的合理性

首先，从主并方的角度，并购交易属于公司的重大投资决策之一，必须结合公司的长期发展战略进行决策。外部扩张型战略是公司并购交易的前提，主并方通过并购的方式落实公司的外部扩张型战略，加速实现公司的成长战略。相比于内生型发展路径，并购式扩张能极大地提高公司的发展速度，同时也带来了更高的附加风险。

其次，并购交易应符合商业逻辑，即并购交易能创造协同效应，也就是通常所说的"1+1>2"的效应。这种协同可能来自管理上的协同，也可能来自财务上、经营上的协同，通过并购后资源的重新组合带来更高的收入或更低的单位成本。蒋冠宏

（2021）通过分析中国内资企业之间的并购交易发现，技术效率提升能力和市场需求管理能力的协同是改善被并购企业绩效的渠道。中国的企业并购显著地增强了并购企业的市场实力，与产业链上游的并购相比，企业在产业链下游的并购对市场实力的增强作用更大。

再次，判断并购交易是否合理还需要分析该并购交易是否符合国家的产业政策，可以根据国务院发布的《促进产业结构调整暂行规定》、发改委发布的《产业结构调整指导目录》，发改委和商务部发布的《市场准入负面清单》等文件，判断公司是否符合国家的产业政策导向。如果并购交易不符合国家的产业政策导向，该交易的合理性就会受到投资者的质疑。

最后，判断并购交易是否合理还要考虑是否有利于改善公司的财务状况，提高公司的业绩，例如提高上市公司的持续盈利能力、抗风险能力，促进收入增加等；是否有利于减少市场同质化竞争现象，减少无序竞争。

（二）并购双方的合法性

并购交易中涉及的交易双方应该具有合法合规性，这是并购交易能够顺利完成的前提条件，具体包括并购双方主体资格的合法性，经营行为的合法性，资产资质的合法性三个方面。

并购双方主体资格的合法性又包括并购主体本身的合法地位

以及并购双方的控股股东、实际控制人以及中小股东是否合法合规。并购交易涉及的利益主体众多，其中核心主体是主并方公司、目标公司以及目标公司的原股东，这些主体的合法性是确保交易能够顺利完成的前提，否则将会造成法律障碍，使得并购交易无法达成。

经营行为的合法性包括相关主体是否存在违法违规行为，包括工商、税务、员工工资和社保、环保等方面是否存在违法违规行为；交易双方是否涉及行业准入，是否构成垄断经营，是否违反反垄断法等；对重组导致的裁员是否有安置方案，是否通过职工代表大会，有无不稳定的因素；相关公司有无内幕交易，是否履行各种决策程序等。

资产资质的合法性包括并购所涉及的资产是否拥有所有权，是否具备相应的生产经营资质。对于需要经营资质的特定行业，如矿产、医疗、旅馆、金融等行业，并购中需要明确其经营资质的合法性。

（三）标的资产的独立性

并购中的标的资产是否具有独立性是指标的资产是否人员独立、机构独立、财务独立、资产独立、业务独立，即标的资产不应该存在对控股股东或其他利益主体的重大依赖。债权的转移要履行债权人告知义务，要取得债权人的同意。如果标的资产存在对控股股东或其他第三方的重大依赖，那么并购后标的资产的控制权仍然不能被主并方掌握。因此，并购交易中需要考虑标的资产的独立性，以确保并购完成后公司的控制权能够实际转移到主并方手中。

（四）公司治理的有效性

并购中涉及并购双方的股东会、董事会、监事会等治理机构履行相关的决策程序，这需要公司内部的股东会、董事会、监事会正常运作，并购双方能够尊重利益相关者的基本权利，维护投资者的基本权利。尤其是对于上市公司而言，要求并购双方不应存在控股股东利益侵占的问题，如果存在信息披露不完整、大股东占用资金、关联担保、利用关联交易损害小股东利益等行为，并购交易将不利于维护社会公众的利益。

（五）并购重组后公司的成长性

并购重组的目的是提升并购后公司的业绩与成长性，从而有效配置社会资源。并购重组后的公司应具备持续发展能力，这需要有清晰明确的发展战略，并购双方应具备协同性，并购后能够有效整合，包括资源的整合、资产负债的整合、文化的整合。从资本市场监管的角度，需要杜绝"忽悠式""盲目跨界"的重组，避免利用并购进行资本市场的股价炒作。

（六）交易定价的公允性

控制权转移的核心问题是如何定价，并购交易中定价问题的难点表现在两个方面：一是标的资产的定价，即目标公司的股权定价问题；二是当以股票作为并购支付方式时，股票价值应如何确定。

对于标的资产的定价问题，本质上属于公司估值问题。目前常用的公司估值方法如表 3-2 所示，包括可比公司法、先前交易法、贴现现金流法和其他方法四类。

表 3-2　并购交易中常用的公司估值方法

可比公司法	先前交易法	贴现现金流法	其他方法
估值的原理是主营业务相似的公司，关键业绩指标应相近	以类似交易作为参考依据	有坚实的理论基础	净资产价值/重置成本法
未包含控制权溢价（control premium）	包含控制权溢价	用贴现现金流衡量企业价值	剩余收益法/经济附加值（EVA）法
公司的特性和行业特性决定了采用哪些指标	要注意标的公司与交易标的的可比性	现金流的风险由资本结构决定的资本成本衡量	分类加总估值破产清算估值
很难找到真正的可比公司（增长率、资本结构、所在国家/地区要一致）	很难找到非常类似的交易，在市场上涨期造成水涨船高的现象	主观估计成分较多，容易被"人为操纵"	预计上市后的估值投前估值/投后估值法

对于可比公司法，该方法的估值原理是主营业务相似的公司，其关键业绩指标（如每股收益（EPS）、销售额）驱动公司价值的

能力应该是相近的，因此可以将相似公司的价值作为目标公司的估值参考依据。这种方法通过选择与目标公司的行业、规模和发展前景相近的公司，采用市盈率（P/E）、市净率（P/B）、市销率（P/S）、EV/EBITDA、日活跃用户（day active users，DAU）等指标作为估值依据，简单、易于理解，对于业务发展逻辑相近的公司估值比较适合。但是该估值方法并不包含控制权溢价因素。由于控制权可以对公司的经营和财务决策产生重大影响，而小股东则无法产生类似的影响，所以控制权价值应该高于小股东的股权价值。另外，找到和目标公司真正可比的公司是非常困难的，这要求两者的增长率、资本结构、所在的国家或地区要一致。两者差异越大，估值的误差范围也会越大，因此此类估值方法的前提条件是比较严苛的。

先前交易法需要挑选与目标公司同行业、在估值前一段合适的时间被投资、并购的公司，将其融资或并购交易的定价依据作为参考，从中获取有用的财务或非财务数据，求出一些相应的融资价格乘数，据此评估目标公司。先前交易法的核心思想是以类似的交易作为参考。但通常情况下，投资者很难找到非常类似的交易。这种方法的不足之处在于当市场处于上涨期，先前交易的高估值会抬高后续交易的价格，造成水涨船高的现象。

贴现现金流法是理论界最为推荐的方法，通过对公司未来自由现金流量的预期贴现计算公司的价值，最符合财务中的价值创造理念。不足之处也很明显，由于需要估计大量的参数，且对未来现金流量的主观估计成分较多，往往会导致对目标公司价值的高估，对主并方而言并不利。

对于以发行股票方式收购的，在交易定价方面还涉及发行股票的价值确定问题。理论上，发行股票的定价应该由并购双方，根据并购后公司的股票预期价格在协商基础上确定。并购后公司的股票价格理论上不应低于并购前的价格，否则该交易对主并方股东而言是失败的。如果主并方是上市公司，那么该定价不应该低于最近股票交易价格，否则有可能被视为侵害社会公众股东的利益。根据《上市公司重大资产重组管理办法》的规定，采用发行股票方式收购的，上市公司发行股票的价格不得低于市场参考价的90%。市场参考价为本次发行股票购买资产的董事会决议公告日前20个交易日、60个交易日或者120个交易日的公司股票交易均价之一。本次发行股票购买资产的董事会决议应当说明市场参考价的选择依据。这里的交易均价的计算公式为：董事会决议公告日前若干交易日公司股票交易均价＝决议公告日前若干交易日公司股票交易总额/决议公告日前若干交易日公司股票交易总量。在中国证监会核准前，上市公司的股票价格相比最初确定的发行价格发生重大变化的，本次发行股票购买资产的董事会可以按照已经设定的调整方案对发行价格进行一次调整。

需要注意的是，标的公司估值的结果并非交易的最终价格，估值仅仅是为交易价格设定的"锚"，并购双方能够据此合理确定交易谈判和竞标收购的底线。估值结果具有一定的主观性，而且会受到数据可靠性和可获得性、专业性、估值方法选择和未来预期等多种因素影响，各种因素的变动可能会导致估值结果出现重大差异，因此对并购估值应谨慎理性地看待。

首先，对标的公司进行详细、专业的尽职调查是估值工作开展的基础。一般估值工作较为依赖财务和行业方面的尽职调查。尽职调查和估值模型搭建相辅相成，一方面尽职调查可以依托估值模型假设去重点关注相关领域信息；另一方面估值模型需要根据尽职调查的数据适时调整，保证估值结果尽可能符合实际情况。

其次，要谨慎分析各类估值方法的适用性并选择与并购目的相契合的估值方法。这是评价公司并购行为合理性的关键。并购方需要在分析并购目的、行业特性、财务数据等因素后，采用多种方法进行估值并评价合理性，从而得出一个较为接近目标公司实际价值的评估结果。一般来说估值方法分为绝对估值法和相对估值法，实务中绝对估值法是衡量并购合理性得到广泛认同的估值方法，适用于较为成熟和发展稳定的行业，但受数据可靠性和未来预期影响较大，而相对估值法在市场上存在可比标的和可比交易时也是重要的估值方法，二者可以相互佐证。

最后，要保证并购团队的专业性，并购方可以借助专业中介机构的力量，对标的公司的历史沿革、财务状况、运营水平等进行全面的尽职调查，给出合理的公司估值。时光林（2017）认为专业的中介机构可以对标的公司的资产状况和盈利能力进行更加客观、理性和全面的分析，其给出的估值结果也更接近公司的实际价值。在条件允许的情况下，可以进行交叉验证，即采用不同的方法对同一标的公司进行价值评估或者让多家中介机构用同一种方法进行估值，从而保障估值结果的合理性和严谨性。

二、并购中的业绩承诺问题

近年来，在我国的并购交易中越来越多地采用业绩承诺条款。所谓业绩承诺条款是指在并购交易协议中约定目标公司未来的业绩要求，如果达不到业绩要求则被并方原股东需要对主并方进行补偿，补偿可以采用现金或股票的形式。按照《上市公司重大资产重组管理办法》的规定，采取收益现值法、假设开发法等基于未来收益预期的方法对拟购买资产进行评估或者估值并将其作为定价参考依据的，交易对方应当与上市公司就相关资产实际盈利数不足利润预测数的情况签订明确可行的补偿协议。

我国并购交易中的业绩承诺条款实际上借鉴了国际并购中使

用的 earn-out 条款。earn-out 条款是在并购中双方对估值有差异时，延迟支付一部分并购价款，当达成一定的业绩指标或条件后再另行支付的一种方式，本质上是对并购双方的估值分歧采用的一种附条件支付条款，在跨境并购交易中使用频率并不高。国际上的 earn-out 条款均为单向的，即达到一定条件后并购方向被并购方原股东补充支付价款，而很少会反向向并购方退回部分价款。

　　近年来，随着我国跨境并购企业的增加，业绩承诺的方式也开始引入相关的跨境并购交易中。以梅泰诺公司（股票代码：300038，后更名为"数知科技"）并购 BBHI 公司为例。2017 年 3 月，梅泰诺公司以发行股票与支付现金相结合的方式购买宁波诺信 100% 的股权，定价为 63 亿元。宁波诺信持有的唯一资产是中山诺睿投资有限公司（简称"诺睿投资"），诺睿投资持股设立于英属维尔京群岛的 Blackbird Hypersonic Investments Ltd.（简称"BBHI 公司"）。交易完成后，梅泰诺公司通过诺睿投资持有 BBHI 公司 99.998% 的股权。此次并购交易的实质是梅泰诺公司收购 BBHI 公司，将其纳入上市公司的旗下。2018 年梅泰诺公司改名为"数知科技"。

　　BBHI 公司成立于 2014 年，在阿联酋、印度、美国等多地设有办公地点。BBHI 公司的主要业务是为全球众多客户提供互联网广告投放，同时也提供广告的运营和管理服务，为雅虎、微软、必应等广告需求端平台和广告主提供精准广告投放。交易中卖方对 BBHI 公司在 2017—2019 年的业绩作出了承诺，分别为 7 158.70 万美元、8 590.50 万美元和 9 993.10 万美元。BBHI 公司在 2017—2019 年实际分别实现 7 640.35 万美元、9 575.29 万美元和 9 110.24 万美元的业绩，已完成了三年累计业绩承诺。

截至 2020 年 11 月 30 日，数知科技公司因收购 BBHI 公司形成的商誉价值为 562 767.71 万元，另外结合其他并购交易形成的商誉价值共计约 61 亿元。2020 年 BBHI 公司的经营业绩大幅下滑，前三季度 BBHI 公司仅实现净利润 1 070.30 万美元。为此，数知科技公司公告将计提商誉减值金额 56 亿～61 亿元人民币，公司的股票价格也随之大幅下挫。

梅泰诺公司（数知科技公司）的此次并购交易表现出以下特点。

（1）此次并购形式上是本土并购，但实质为跨境并购。该次并购是以本土并购的形式进行的跨境并购。股权层面，公司并购的直接对象为宁波诺信，通过宁波诺信间接持有 BBHI 公司 99.998% 的股权。可见，跨境并购与本土并购很难通过主并方和被并方的形式进行区分，判断是否为跨境并购的核心在于：其背后经济资源的实际控制权是否发生了跨国转移。

（2）该笔交易是同一实际控制人下的关联并购。上市公司与交易对方的实际控制人均为张志勇等，属于关联并购。并购的交易对价是至关重要的因素。在此次交易中，既使用了资产基础法，也使用了收益法。但最重要的是 BBHI 公司采用的是收益法，这也造成了此次交易的巨额商誉隐患。

（3）并购交易产生的商誉减值影响巨大。并购的交易价格 63 亿元产生了约 56 亿元的商誉价值，在完成三年的业绩承诺以后，BBHI 公司业绩大幅下滑导致计提高额商誉减值准备，对公司投资者造成了巨大的损失。从这个角度看，此次并购并不是一次成功的并购交易。总体而言，采用收益法估值作为并购交易的作价基础应该慎之又慎。对于主并方而言，这种估值意味着必须有强大的协同效应才能支撑公司未来的业绩和股票价格，否则大部分的收益都将归属于并购的交易对方。

三、跨境并购涉及的特殊问题

跨境并购交易除了要考虑上述一般因素外，还需要考虑以下特殊因素。

（一）政治与政府审批风险的应对

在进行跨境并购分析时，海外政治、经济环境分析至关重要。不同国家的经济周期存在巨大差异，在经济下滑期，地区性冲突的风险会进一步增加，政治风险也会随之提高。利比亚、叙利亚、也门、乌克兰等国家已经成为全球性高风险地区，地区政治风险是跨境并购的重要障碍。

在跨境并购交易中，政治风险还体现在政府审批环节上，常见的政府审批风险主要涉及：（1）反垄断审批：如果并购双方的交易规模足够大，达到反垄断法规定的界限，需要向政府申请反垄断审批，包括中国、美国、欧盟、巴西等都会涉及反垄断问题。（2）外商投资审批：如美国的国家安全审查、澳大利亚的外商投资审批、加拿大的移民局项下审批等，主要从是否给国家安全带来损害等角度对外国投资进行审批。（3）行业审批：对于一些重要的行业，如石油天然气、金融、交通等行业的投资，有可能需要政府和主管部门的审批。

从交易的技术角度，可以通过设置先决条件来预防该风险，如政府审批、融资到位、第三方同意等，约定如果这些先决条件满足才可以交割，否则不能交割。还可以在并购协议中明确列出承诺事项，要求并购双方明确各自的义务，如提供真实完整的资料、双方的合作业务等事项。或者通过分手费和反向分手费来约束并购双方的行为，分手费是卖方向买方支付的费用，当卖方和更高报价方签约时，为了补偿买方花费的时间和成本，向买方支付的补偿费。反向分手费则是买方向卖方支付的费用。当买方由于某种原因如融资不到位而无法完成交易时，需要向卖方支付一笔补偿费。分手费和反向分手费本质上也是一种交易风险的分配方式。总之，并购风险需要双方事先筹划好，做好方案设计、时间管理，并在交易文件中进行风险分配，尽可能提高交易双方各自的确定性。

（二）跨境并购中的交易架构问题

重大的跨境并购项目会对交易双方经营产生重大影响，因此从交易开始就需要综合研究市场变化趋势、行业生命周期、监管和税务政策、整合方案、商务环境差异等因素，合理设计交易结构，确保交易和后续整合风险可控。熊文政（2016）认为企业在实施跨境并购前，需要结合自身的实际情况以及未来的发展战略来选择标的企业，明确并购目标，如获取优质的资源、技术、品牌、营销渠道等，并制订切实可行的并购计划，包括但不限于并购可行性论证、融资安排、并购支付方式、风险评估、整合方案等。

从实务操作来看，企业的跨境并购一般为通过在海外设立特殊目的公司（SPV）来间接收购标的公司的股权或者资产。这种间接持股的交易结构具有很高的灵活性，一方面可以灵活使用资金和方便融资，并享受相关税收协定优惠，对于再投资需求，备案或者监管审批也会得以简化；另一方面做到了标的资产风险的有效隔离，也方便后续资产处置和资本运作。

跨境并购中设立多层投资控股架构，主要是基于风险隔离、未来资产处置灵活性、资金路径安排等方面的考虑。风险隔离是通过控股架构将境外风险限制在有限责任范围内，避免风险蔓延至母公司。未来资产处置灵活性是考虑未来股权转让的便利性和跨境资金流动性，部分国家外汇管制严格，通过在资本流动性好的国家设置控股架构，可以避免跨国资金的监管，并提高未来退出的便利性。资金路径安排主要是建立畅通的资金通道，提高资金回流的灵活性，同时减轻资金路径中的相关税负（刘彦丽，2021）。

在境外法人的股权架构设计中，税收制度是重要的考虑因素之一。很多企业实施跨境并购起步较晚，相关的并购经验不多，可借鉴的成功并购案例也有限，尤其在税务筹划的理念上比较欠缺。不考虑或者错误地考虑税务筹划都会严重影响整个并购活动的效果，给并购方带来严峻的现金流压力甚至是流动性风险。跨境并购的税收筹划应该包括交易环节、未来利润汇回环节和投资退出环节。在并购的过程中，需要有详尽的税务尽职调查，这是让并购方判断这次并购是不是值得去做的关键信息之一，另外要搭建合理的交易架构以降低整体税务成本，提高节税效益，优先考虑股权收购的方式，以降低并购方的税负，沿用目标公司的税收优惠，免于流转税的税负，享受标的公司历史亏损带来的所得税减免等。搭建合理的海外控股架构，可以通过转让特殊目的公司（中间控股公司）股份实现退出并避税，也可以利用各国的税收优惠政策以及国家间的税收优惠协定，减轻收益分配的税负，从而增加综合收益（宋新华，2011）。

　　税收因素通常从增值税、公司所得税、境外收入是否纳税、股息预提税、利息预提税等多个方面综合考虑。在股权架构设计中通常会选择中国香港、新加坡、毛里求斯、英国、卢森堡和荷兰等地作为公司注册地。

　　以香港为例，从税收的角度，香港作为公司注册地具有明显的优势，行使单一收入来源地管辖权，税制简单、税率较低。一方面香港税负轻：利得税 16.5%，薪俸税 15%，物业税 15%；另一方面境外经营利润汇回香港不必缴纳利得税，同时，香港对支付给境内外股东的股利也不征收预提税，因此，形成了香港典型的避税港地位。香港已经与 40 个国家或地区签订了征税协定，其中股息预提税适用零税率的国家有 [①]：奥地利、白俄罗斯、比利时、科威特、拉脱维亚、卢森堡、荷兰、新西兰、俄罗斯、西班牙、瑞士、阿联酋、英国等；股息预提税率为 5% 的有：加拿大、捷克、芬兰、匈牙利、印度、印度尼西亚、日本、马来西亚、葡萄牙、沙特阿拉伯、南非；股息预提税率为 3% 的有罗马尼亚。与其他国家协定的股息预提税率都在 10% 或 10% 以上。

　　跨境并购交易中的分层股权架构是风险隔离、资金自由汇兑、便利投资者后续退出、税收因素等综合作用的结果。

---

　　① 部分国家要求持股比例达到规定比例才能适用零税率。例如白俄罗斯、比利时、新西兰、俄罗斯、英国等。

（三）跨境并购中的融资问题

在跨境并购交易中，并购交易规模通常较大，公司需要考虑并购交易对价的融资方式问题。企业进行外延式发展和业务外拓的过程中，风险与机遇是共存的，李娟（2011）认为一旦企业将自有资金用于并购而又难以进行对外融资时，可能会增加机会成本并出现新的财务风险。杨帆（2007）认为在以债务资本为主的融资结构中，当并购后的企业经营情况背离预期时，很可能会发生还本付息的风险；如果公司以股权融资为主，当并购后的企业经营不佳时，会使股东蒙受亏损，从而增加被敌意收购的风险。合理确定融资结构，要在遵循资本成本最小化的原则下，适当配比债务资本和股权资本，同时也要合理搭配长短期的债务资本。

并购融资需要对公司的现金流量进行准确预计和分析，重要原则之一是公司在进行海外投资时要确保自身原有业务的现金需求。因此，不仅要考虑并购交易价款部分的融资需求，还需要考虑并购后整合所需要的资金，以及并购后对目标公司原债权人的资金偿付需求。常见的跨境并购融资方式包括以下几种。

自有资金，即利用自有资金支付并购价款。当企业自有资金充裕时，可以使用自有资金进行支付。优点是效率高、成本低、不需要考虑融资方式问题。但是缺点也很明显，这对投资主体的要求往往很高，跨境并购往往规模巨大，能够完全依靠自有资金满足并购需求且不影响自身经营的公司相对较少。实际并购操作中，大部分并购交易都是通过自有资金满足部分支付要求，再配合其他融资方式进行组合融资，以满足并购需要。

股权融资，包括定向或者公开发行普通股或优先股等方式。股权融资将向目标公司的股东发行股票作为支付手段，也称为换股并购，或称发行股票购买资产。这种方式的优点是节约现金，通过换股使得目标公司的股东转换为主并方的股东，与并购后的公司能够风险共担、收益共享。不足之处在于涉及新股发行，程序会更加复杂，如果公司股票价格较低，那么会稀释更多的股权，从而提高融资成本。

债权融资，包括向银行借款，发行公司债券、可转换公司债券等债权融资工具。这类融资工具会增加公司的债务负担，但融资成本相对较低，且利息可以抵扣税金。发行外债是较为常见的境外融资方式，手续较为便利，按照国家发改委 2015 年 9 月颁布的《发展改革委关于推进企业发行外债备案登记制管理改革的通知》，将发行外债由之前的额度审批制变更为事先向发改委申请备案登记制，降低了企业发行外债的行政审批风险。

案例分析一：天齐锂业并购智利 SQM 的融资问题

2018 年 12 月，天齐锂业（股票代码：002466）并购了智利锂业巨头智利化工矿业公司（SQM）25.86% 的股份，成为中国企业在智利的最大并购案例。本次交易完成后，加上天齐锂业原持有 SQM 的 5 516 772 股 B 类股，天齐锂业间接合计持有 SQM 的 A 类股 62 556 568 股（占 SQM 已发行的 A 类股股份的 43.80%）、B 类股 5 516 772 股（占 SQM 已发行的 B 类股股份的 4.58%），合计占 SQM 已发行股份总数的 25.86%。

交易双方确定总交易价款为 40.66 亿美元（根据交割日汇率折算为人民币 278.4 亿元）。

天齐锂业同时采用了并购银团贷款和自有资金方式筹集资金。此次交易的资金来源为天齐锂业及其子公司的自有资金、中信银行成都分行牵头的跨境并购银团提供的 25 亿美元境内银团贷款和中信银行国际（中国）有限公司牵头的跨境并购银团提供的 10 亿美元境外银团贷款。

其中，25 亿美元的境内银团贷款包括：（1）A 类贷款 13 亿美元，贷款期限 1 年，到期后可展期 1 年，自正式放款的当日（2018 年 11 月 29 日）起算；（2）B 类贷款 12 亿美元，贷款期限 3 年，到期后可展期 1 年，展期期限到期后，可再次展期 1 年，自正式放款的当日（2018 年 11 月 29 日）起算。

10 亿美元的境外银团贷款期限为 1 年，到期后可展期 1 年，自正式放款的当日（2018 年 11 月 29 日）起算。2020 年 1 月，公司已使用 2019 年 12 月配股募集的资金提前偿还了境外银团贷款本金约 4.16 亿美元，剩余境外银团贷款本金为 5.84 亿美元。

受此次并购的影响，公司的债务负担急剧增加，公司财务结构发生巨大变化，流动比率从 2018 年初的 3.1 上升至年末的 0.88，资产负债率从年初的 40.39% 上升至年末的 73.26%，货币资金从年初的 55.24 亿元下降至年末的 19.43 亿元。此次并购增加了 35 亿元的负债，公司面临巨大的偿债压力。

2020 年 11 月 28 日，18.84 亿美元债务面临到期，公司与债权人签订了展期函，将债务展期至 2020 年 12 月 28 日。为偿还债务，公司甚至考虑出售旗下的优质澳大利亚锂矿资源，但由于之后再次签订了一系列展期条款，债务延期至 2021 年 11 月 26 日，澳大利亚锂矿资源才避免被出售。此次并购融资在一定程度上给公司造成了巨大的财务负担，公司 2019 年以"强融资，降负债"为首要经营计划，但由于融资金额远低于预期，仅通过配股募集资金提前偿还境外银团贷款本金约 4.16 亿美元，降杠杆效应有限，公司流动性持续承压。此次公司并购融资对债务融资的过度依赖，对自身业务经营造成了严重影响。

案例分析二：长电科技跨境并购星科金朋 [①]

（1）并购的背景。

2014 年 12 月，江苏长电科技股份有限公司（股票代码：600584，简称"长电科技"）发布公告，拟以现金要约的方式并购新加坡上市公司 STATS ChipPAC Ltd.（股票代码：STATSChP，

---

① 参考资料：《江苏长电科技股份有限公司重大资产购买报告书》，2014 年 12 月。

简称"星科金朋")。

长电科技此次并购的目的是开拓海外市场，扩大海外高端客户群体，并获得先进的封装技术，提升公司的研发能力。星科金朋在全球主要地区均有销售业务，在发达国家和地区的市场份额较高，2013年星科金朋在美国的业务收入占总收入的69.2%，在欧洲地区的业务收入占总收入的11.8%。本次交易的达成将有助于长电科技快速扩大在海外市场的业务覆盖，提高国际市场份额。

（2）并购主体介绍。

长电科技是国内第一家半导体封装测试行业的上市企业，近年来公司的业务规模持续扩大，位居世界前列。长电科技已经掌握一系列高端集成电路封装测试技术，特别是WLCSP、Copper Pillar Bumping、SiP、FC、MIS等封装技术在同行业中处于领先地位。长电科技的主要客户为国际芯片设计制造厂商，产品主要定位于消费电子、电源管理和汽车电子等应用领域。

（3）标的公司介绍。

交易的标的公司星科金朋是新加坡证券交易所的上市公司，公司产品包含最先进的测试和封装技术，如混合信号测试、条式测试、芯片级、堆叠芯片、晶圆级和系统级封装技术以及晶圆凸块批量产程能力，是全球领先的提供独立半导体封装和测试解决方案的公司。

（4）并购方式。

长电科技的此次并购交易采用全部现金支付的方式。总交易
对价为 7.80 亿美元，约合 10.26 亿新加坡元。长电科技与国家集
成电路产业投资基金股份有限公司（简称"产业基金"）、芯电半
导体（上海）有限公司（简称"芯电半导体"）通过共同设立的
子公司，以全面要约收购的方式，并购星科金朋的全部流通股份，
交易架构如图 3-4 所示。

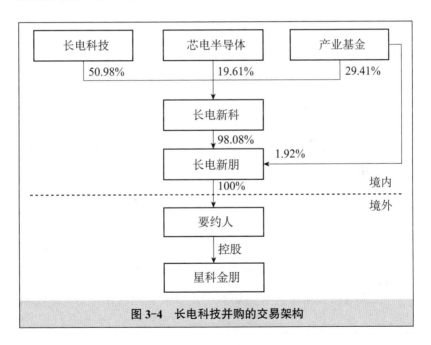

图 3-4　长电科技并购的交易架构

根据图 3-4 的交易架构，长电科技为本次收购在苏州工业
园区成立了一家特殊目的公司长电新科，产业基金和芯电半导体
将根据约定对其进行股权投资；长电新科为本次收购在苏州工

园区设立了长电新朋，产业基金再对其进行增资，成为其股东之一；长电新朋为本次收购在新加坡设立 JCET-SC（Singapore）Pte. Ltd. 作为融资平台进行并购贷款融资，并将其作为本次收购的实施主体，即要约人。收购完成后 JCET-SC（Singapore）Pte. Ltd. 持有星科金朋 100% 的股权，最终实现长电科技间接控股星科金朋。

（5）并购的价格与融资方式。

本次要约的总交易对价为 7.80 亿美元，约合 10.26 亿新加坡元（按照 2014 年 12 月 19 日美元对新加坡元汇率中间价：1 美元折合 1.315 05 新加坡元计算）。

在长电新科层面，长电科技、产业基金及芯电半导体均以现金方式出资，总计拟出资 5.1 亿美元等额人民币，具体出资情况如下：

1）长电科技以现金出资 2.6 亿美元等额人民币；

2）产业基金以现金出资 1.5 亿美元等额人民币；

3）芯电半导体拟以现金出资 1 亿美元等额人民币。

在长电新朋层面，长电新科与产业基金总计出资 5.2 亿美元等额人民币，具体出资情况如下：

1）长电新科以现金出资 5.1 亿美元等额人民币；

2）产业基金以现金出资 0.1 亿美元等额人民币；

3）产业基金还将向长电新朋提供股东贷款 1.4 亿美元等额人

民币，该部分股东贷款可根据双方约定进行转股。

长电新朋将上述 6.6 亿美元等额人民币向要约人 JCET-SC（Singapore）Pte. Ltd. 出资，剩余收购款项将由 JCET-SC（Singapore）Pte. Ltd. 通过银行贷款的方式获得。长电科技已于 2014 年 12 月 27 日获得中国银行无锡分行出具的 1.2 亿美元的贷款承诺函。根据该贷款承诺函，若满足相关条件，中国银行承诺为本次收购提供融资安排，该并购贷款期限为首次提款后的 48 个月。长电科技将为此并购贷款提供担保。

在此次现金并购交易中，资金来源于三个方面：自有资金、联合投资方入股、债权融资。其中自有资金出资 2.6 亿美元，联合投资方入股 2.6 亿美元（产业基金 1.6 亿美元 + 芯电半导体 1 亿美元），债权融资 2.6 亿美元（产业基金 1.4 亿美元可转债 + 中国银行 1.2 亿美元贷款）。在自身仅出资 2.6 亿美元的情况下公司共筹集了 7.8 亿美元的收购资金，而且通过搭建三层主体结构，保证了长电科技对要约人的控制权。之所以搭建三层主体结构，原因在于可以保证长电科技在并购后的控股比例超过 50%。

另外，对联合投资方设计了退出机制。根据购买报告书披露的信息，长电科技、产业基金和芯电半导体签署了共同投资协议，长电科技、新潮集团与产业基金签署了售股权协议，长电科技、新潮集团与芯电半导体签署了投资退出协议，产业基金、长电科技与长电新朋签署了债转股协议，这些协议对产业基金和芯电半导体的退出事宜作出了约定。事实上，在交易完成后，2017年5月，长电科技以发行股份的方式购买了产业基金持有的全部长电新科和长电新朋股权、芯电半导体持有的全部长电新科股权。交易完成后，长电科技实现收购星科金朋100%股权，产业基金和芯电半导体的股份全部顺利退出。

　　除了收购部分的资金以外，还需要考虑对星科金朋的债务进行重组。因为本次交易将导致星科金朋的控股股东发生变化，所以原有的银行贷款及发行在外的优先票据应按照约定进行债务重组。

　　长电科技已经为可能发生的相关票据提前赎回或贷款提前偿还进行了债务重组安排，长电科技已与星展银行就债务重组安排签署了委任函，星展银行将通过向目标公司提供上限为8.9亿美元的过桥贷款帮助目标公司进行债务重组。同时，为了配合上述债务重组并替换星科金朋现有的部分债务，星科金朋拟向所有股东配售永续证券，该永续证券规模为两亿美元，星科金朋的控股股东STSPL承诺将认购最高两亿美元的永续证券并按约定时间缴纳认购款项。长电科技拟出具担保承诺，若星科金朋三年后仍无法赎回上述永续证券，永续证券持有人有权将所有永续证券出售给长电科技，长电科技作为永续证券担保人将按照出售价格偿付永续证券本金及所有应付未付的利息。

　　此次并购交易中采用的组合式融资方式，为长电科技的"蛇吞象"式的并购提供了重要的资金保障。

（四）并购基金的利用

近年来，越来越多的跨境并购交易开始借助并购基金的力量。并购基金利用其自身的融资优势、专业优势、整合优势等极大地推动了跨境并购的发展。并购基金在跨境并购中主要起到以下几方面的作用。

一是利用自身的融资优势，为并购方筹集大量的资金，充当并购交易中的融资方。我国企业的并购交易很大程度上存在对银行贷款的依赖，事实上，并购基金可以向企业提供灵活的股权或债权融资，帮助企业争取获得银行贷款，帮助企业解决资金问题。

二是并购基金可以利用其专业优势帮助主并方和被并方进行高效率的沟通，尤其是一些海外并购基金往往对目标公司所在国的经济、法律、金融环境更加了解，可以帮助主并方寻找目标公司，并协助进行沟通，在并购过程中可以充当双方的翻译和顾问，极大地降低并购中的信息不对称风险。

三是并购基金也可以作为一个并购主体，充当公司的交易媒介，在交易完成后并购基金对目标公司进行重组，并按计划逐步退出。有些并购交易为了规避东道国的审查，需要以并购基金为主体完成收购，完成一段时间后再转让给真正的主体，并购基金起到衔接的作用。

四是并购基金可以帮助企业做好并购后期的资产整合。利用自身的产业资源和管理经验，帮助重组企业建立新的组织结构和管理架构，推动重组企业的价值提升和协同效应的顺利实现。

并购基金可以作为共同并购方参与并购，也可以自己作为并购主体进行控股型并购。前者只需协助主并方进行并购，负责协同融资与顾问事宜；后者则需要自行融资并主导负责并购前的组织和并购后的重组，往往是对相关行业有较强整合能力的基金才能够胜任。目前我国企业的跨境并购对并购基金的使用以前者为主。

除此之外，并购基金还可以通过过桥的方式帮助并购主体实现并购。

案例：天保重装并购美国圣骑士

2015 年 11 月，成都天保重型装备股份有限公司（股票代码：300362，2016 年已更名为"成都天翔环境股份有限公司"，简称"天保重装"）通过非公开发行股票的方式募集资金收购成都东证天圣股权投资基金合伙企业（有限合伙）持有的境外资产——美国圣骑士公司 80% 的股权和圣骑士房地产公司 100% 的股权。

美国圣骑士公司主要从事环保分离设备制造及工程服务，是全球知名的环保设备制造商。天保重装希望通过此次并购获得污水污泥处理领域的先进技术，为公司开拓国际市场提供更好的技术和销售支持。

此次跨境并购交易分为两个步骤：首先，由天保重装与东证融成资本管理有限公司共同发起设立东证天圣股权投资基金合伙企业（有限合伙）（简称"东证天圣"），作为并购整合的平台，东证天圣还设立了成都圣骑士环保科技有限公司（下称"SPV1"），SPV1 于 2015 年 4 月 2 日在美国独资设立 Centrisys Capital，Inc.（下称"SPV2"）。搭建好并购架构后，由 SPV2 收购圣骑士公司 80% 的股权及圣骑士房地产公司 100% 的股权。其次，2015 年 5 月 1 日，天保重装宣布以非公开发行股份的方式募集资金向并购基金收购 SPV1 的 100% 股份，以实现对美国目标资产的收购。2016 年 3 月完成过户手续，此次收购正式结束。

在此次并购交易中，天保重装先通过参与设立私募基金的形式购买境外资产，再从私募基金的手中接盘完成收购。此次收购天保重装采用了"PE 过桥"的并购模式，即借助并购基金的资金首先收购圣骑士公司的股权，再用上市公司发行股票募集的资金收购基金手中的股权，这种两步走的方式：一方面利用私募基金的融资能力解决了跨境并购中的资金来源问题；另一方面，利用非公开发行股票直接购买境外股权存在一定的难度，但是如果借助并购基金完成并购，再通过上市公司再融资收购股权风险更低，更容易通过监管机构的审核。但是这种模式也存在一定的问题，即借助并购基金并购涉及关联交易，交易价格需要考虑为并购基金提供足够的收益，因此定价会更高，增加上市公司并购的融资成本。

在"一带一路"背景下，我国政府主导的一些基金在跨境并购交易中发挥越来越重要的作用。

中非发展基金是支持我国企业开展对非合作、开拓非洲市场设立的专项基金。中非发展基金与中国海信合作成立海信南非家电园，项目年产39万台电视和54万台冰箱，成为海信打开南非以及非洲市场的重要基地。项目不仅提高了南非的工业制造能力，也促进了本土化管理、物流和相关上下游产业的发展。中非发展基金与一汽合作的南非汽车组装厂，极大地促进了南非当地汽车相关产业的发展，实现了本土化用工，受到当地政府和社会的高度认可。

丝路基金是致力于为"一带一路"框架下的经贸合作和双边多边互联互通提供投融资支持的基金。丝路基金用以股权投融资为主的多种投融资方式，围绕"一带一路"建设推进相关国家和地区的基础设施、资源开发、产业合作和金融合作等项目，投资范围广泛，投资地域涉及俄罗斯、中亚地区、南亚地区、北非地区、欧洲地区、北美和南美等地区，发展中国家、新兴市场经济体、发达国家均在投资范围内。

中国-东盟投资合作基金（简称"东盟基金"）主要投资于东盟国家和地区的基础设施、能源和自然资源等领域，具体包括交通运输、电力、可再生能源、公用事业、电信、管道及储运、公益设施、矿产、石油、天然气、林木类等。东盟基金在助力我国企业"走出去"的过程中起到了重要作用。例如 2013 年东盟基金与上海鼎信投资（集团）有限公司、印度尼西亚八星投资公司合作在印度尼西亚开发大型镍铁冶炼项目，项目建成后成为印度尼西亚最大的镍铁冶炼厂。

第4章
跨境并购整合

第1节 研究背景

大力开展跨境并购，既是对我国政策的积极响应，也是对经济全球化趋势的顺应。在经济全球化的大背景下，世界各国之间的联系日益紧密。近年来，在"走出去"和"一带一路"倡议的政策支持下，我国企业逐步探索国际化发展道路，探索国际化经营道路，以提升企业的核心竞争力。跨境并购作为一种资本输出方式，是企业国际化发展的重要方式。在"一带一路"倡议、多层次资本市场建设等政策的支持下，我国企业跨境并购发展态势迅猛，但与此同时，跨境并购成功率较低，仅有不到 3 成企业顺利完成并购整合。跨境并购过程中存在的诸多风险为并购结果带来了更多的不确定性。

成功的跨境并购包括两部分：一是并购交易过程的成功；二是并购交易完成后整合的成功。前者决定能否顺利实现控制权的转移，后者决定能否带来长期的协同效应。从长期来看，跨境并购后的整合是否成功是决定并购能否为投资者创造长期价值的最关键因素。按照协同效应理论，跨境并购的综合收益来自资源配置效率的提升，通过共谋协同效应、管理协同效应、经营协同效应以及财务协同效应等方面激发出来。我国跨境并购数量和交易规模逐年攀升，但是由于缺乏并购整合的经验，很多并购在实施阶段和整合阶段出现严重问题，导致并购最终失败。因此，研究跨境并购的整合问题具有重要的理论与现实意义。

并购整合（post-merger integration）是公司完成控制权交接后，对并购后新的组织进行后续的资源重新界定与确认、对产品和业务线进行重新梳理、对人员等资源重新安置的重新分配过程。与境外绿地项目投资的最主要差异在于：并购整合是对主并方和目标公司原有业务运营体系、人员体系、财务体系的重新配置，具有决策涉及面广、影响力大、决策时间短、个性化因素多等特点。

由于案例资料的限制，目前我国对于跨境并购整合问题的研究仍处于探索阶段，尚未形成一个成熟完善的理论体系，存在较大的发展空间。考虑到并购整合的重要性，无论理论界还是实务界，均应该对并购后整合给予更多的关注。

第 2 节　跨境并购整合的基本理论

一、并购整合的基本理论

如何看待并购整合过程？目前学术界对并购后的整合的观点主要分为资源重置观（reconfiguration aspects）和组织设计观（organization design aspects）。资源重置观将并购整合视为资源的重新设置过程，这意味着并购后可以增加、再开发、重新组合以及剥离资源以强化公司的资源基础（Karim and Capron，2016）。在该理念下，公司并购后的整合主要解决两个问题：一是什么样的资源（即产品、设备、业务线等）会被重新设置；二是在什么程度上公司重新进行资源配置能实现最优效果。总体上，资源重置观将并购整合视为对主并方和目标公司原有资源的重新整合和配置。

组织设计观视并购整合为一种组织设计过程，通过对并购双方的组织形式和分工进行重新设计来实现控制权的重新分配。在该观点看来，并购后必须通过组织设计产生新的信息处理能力，以应对并购企业间彼此关联的管理任务。组织设计强调权力的划分（如权力集中或分散）和组织形式的选择。Arora 等（2014）发现公司的组织设计会影响知识的整合协同，中心化的组织结构整合更多的内部知识，分散化的组织结构则整合更多的外部知识。

应在多大程度上进行并购整合是并购整合理论需要解释的第二个问题。Puranam 和 Vanneste（2016）认为，整合程度的选择需要在协作价值与自治干扰成本之间进行权衡。对于主并方而言，一方面，组织整合的正面价值会随着整合程度的提高而增加。这来源于组织形式的正式化、沟通的顺畅以及组织身份的认同等方面（Puranam et al., 2009）。另一方面，整合程度越高，来自目标公司的抵触也会越大。目标公司原有管理层通常会寻求更高的自治权，因此，整合程度越高，失去自治权导致的干扰成本也会越高。因此，整合程度需要在协作价值与干扰成本之间进行权衡，以寻求整合净收益最大的整合水平。这种选择的难题也称为"协作-自治困境"（coordination-autonomy paradox）。不同的并购交易，其协作价值与干扰成本曲线各不相同，因此作出最优的权衡并非易事。图 4-1 显示了在协作与自治之间权衡的基本关系。

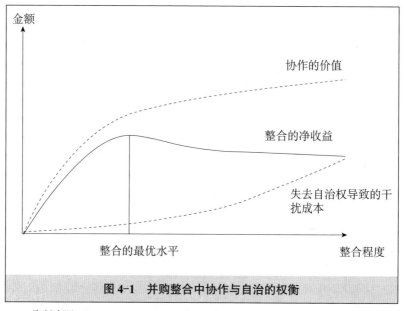

图 4-1　并购整合中协作与自治的权衡

资料来源：Puranam and Vanneste（2016）.

如图 4-1 所示，随着并购整合程度的提高，并购后协作的价值也会随之提高。与此同时，整合程度的提高也会使被并购公司原管理层和核心员工逐步丧失公司的自治权，从而导致其对并购的干扰和阻挠也会增加，因此失去自治权导致的干扰成本也会提高。整合的净收益取决于协作的价值与干扰成本之间的差额。最高的整合净收益对应的整合程度即为整合的最优水平。确定该最优水平的关键是对并购合作价值曲线和干扰成本曲线的判断。并购的协作价值曲线增长的空间越大，最优的整合程度也会提高；反之，如果失去自治权导致的干扰成本上升越快，最优的整合水平就会相应下降。

二、跨境并购整合的文献综述

如何认识并购整合阶段的关键因素，众学者观点皆不相同。郭建鸾和肖睿（2014）在对比分析了资源类目标企业和技术品牌类目标企业并购整合的基础上，引入了企业核心价值的概念以探究其影响因素，他们认为企业的核心价值是影响企业并购整合阶段的关键因素，企业应根据其核心价值制定符合企业自身发展的整合策略。蒋瑜洁（2017）通过分析吉利集团并购沃尔沃的案例提出，我国企业在进行跨境并购时应维持其独立性，在减少冲突的同时追求整合的协同效应，并购整合成功的关键在于准确地进行战略定位和确立组织间的交流机制。李依霖（2017）探讨了我国企业跨境并购整合的制胜之道，指出企业应搭建科学先进的公司治理架构，在跨文化经营中求同存异，注重战略整合，设置有效激励机制，兼顾信任与监督。吴道友和夏雨（2020）以万丰航空跨境并购为例，指出跨境并购过程中企业应当坚持"走出去"，立足全球实现资源整合，依托自身优势，围绕产业链实现协同整合，并尊重文化差异，实现并购后的有效融合。黄维干和黄靖（2021）以我国民营企业金发科技并购印度企业海德鲁为例，分析探讨了其战略动机和整合效果，认为企业在并购前应该做好尽职调查，分析各方面差异对并购可能产生的影响，并结合企业自身特征条件，制定适合双方发展的战略，着眼于长期发展。马金城和王磊（2008）结合跨境并购整合和控制权环境，得出了在所有者弱控制环境下跨境并购整合存在效率较低的问题，失去控制权可能会导致难以有效整合，进而无法完成并购的结论，主张企业应当在保障控制权的前提下进行并购。陈小梅、吴小节、汪秀琼和蓝海林（2021）主张企业应充分评估并购双方的组织资源能力，选择适合企业自身的整合模式，采取有针对性的行动以完成并购后的有效整合。

有部分学者认为，财务整合和人力整合是并购后应当关注的重点，关系着企业并购的成功率。张劭（2009）认为财务整合处于并购整合的核心地位，着重分析了并购后的财务整合问题，介绍了相关的整合方式和整合策略，对我国企业财务整合提供了一定的策略引导。韦芳（2009）分析了我国人力资源整合的现状，指出了存在的文化冲突、组织稳定性被破坏、关键人力的保留任用以及激励与安置等问题，主张人力资源的整合是避免并购之后人事震荡的核心，能够为并购的成功提供强有力的保障。杨淑娥、孟轩和张伟亚（2012）揭示了跨境并购中存在的财务整合问题，以及存在的隐性债务和或有负债、汇率、审查、政治和政策等风险隐患，认为整合是实现企业战略、企业文化的认同和思想统一的关键环节，针对性地提出了对企业财务的整合和人力资源的整合等方面的建议。吴航和陈劲

（2020）认为并购整合后能否在运营和财务方面实现协同，影响着创新绩效能否提升，且应充分考虑整合动机和整合度的匹配性对协同效应的影响。

也有学者认为文化整合是企业并购后整合过程的关键所在。牟晓伟和吴雨桐（2018）统计了我国企业海外投资中跨境并购的相关数据，并结合政府的相关政策进行了分析，研究了"一带一路"倡议背景下我国企业在跨境并购过程中所面临的文化差异等问题，认为我国企业在跨境并购中应做好文化的整合。王紫荆（2018）认为文化整合是跨境并购中的一大难题，以万达收购AMC和美国传奇影业为例进行了分析，指出我国企业在跨境并购过程中面临的文化整合问题，并提出了相应的建议。邓黎（2021）通过对近几年学者对文化距离、文化整合以及跨国并购绩效研究的梳理，得出文化整合是影响并购整合的关键因素，决定着跨境并购最终的结果。针对如何做好企业文化的整合，张华和王永（2011）根据并购双方的企业文化所处的不同发展阶段，将整合战略模式分为融合、同化、引进和隔离四种模式，分别分析了不同模式下的具体整合做法，为我国跨文化整合模式选择提出了相应建议，促使企业文化整合更加迅速有效。张汝根和杨蕙馨（2012）针对我国跨境并购过程中的文化差异所造成的问题设计了文化整合方案，主张运用项目管理方法进行阶段性工作划分，推动企业并购后稳健过渡，以提升经济效益。王淑娟、孙华鹏、崔淼和苏敏勤（2015）从文化渗透视角揭示了跨境并购文化整合的成功机理，细化出整合式文化渗透的过程阶段，为我国企业跨境并购后的文化整合提供了理论基础。徐艳梅、苗呈浩和王宗水（2016）认为，文化整合的最终目的是实现价值观的整合，梳理了我国学者针对跨境并购文化整合进行的研究，提出了我国企业跨境并购的文化整合模型，对我国企业跨境并购具有一定的理论和现实意义。

针对并购整合的风险预警问题，龚小凤（2013）引入了ANP法，构建了跨境并购整合风险预警框架，为我国企业跨境并购风险预警分析提供了新的思考。王梨英和乔庆林（2019）对我国企业跨境并购的现状和意义进行了分析，探究了并购整合过程中存在的整合战略不明确、业务协同效应差、关键人才流失以及文化冲突协调不当等风险，比较分析了独立自主、融会贯通和全面承包三种整合模式，对企业跨境并购的整合提供了重要参考。企业应当针对整个并购过程制定完备的风险识别评估策略，做好预警分析。树友林和陆怡安（2020）通过构建并购风险综合评价模型，以高端装备制造企业为例分析了"一带一路"沿线国家开展并购活动所面临的主要风险——价值评估风险、文化整合风险和政策法律风险，并据此提出了相应的防范措施，为高端装备制造企业提供了重要参考。

对于并购后对境外业务的财务管控模式问题，学术界的研究一方面从降低信息成本、代理成本以及交易成本的角度探讨财务管控的价值。张先治和王兆楠（2019）认为信息成本和代理成本共同约束着企业集团的财务管控模式选择，不同类型的财务管控模式是对这两类成本权衡的结果。骆家騑（2014）立足于企业规模边界和能力边界扩展的双重目标，构建信息化条件下集团财务集中管控的概念模型。另一方面，学术界的研究从母子公司集权和分权的角度探讨财务管控背后的影响因素。这些因素包括企业规模、子公司的股权集中度（樊果芬，2004）、战略类型以及企业性质（刘剑民，2012）等。

对于财务管控体系的构建问题，现有文献从不同角度提出了不同观点。钟华和王守山（2012）提出了防范跨境并购财务风险的"STRONG"财务管控模式。"STRONG"财务管控模式是指以公司发展战略（strategy）、发展目标（target）为引领，以优化配置财务资源（resource）为核心，以有效管理财务风险（risk）为重点，以支持生产经营（operation）、服务海外（overseas）发展为载休，以强化新业务、新领域（newfield）研究为创新点，以持续的公司价值增长（growth）为目标的管理模式。张玉婷（2020）提出了涉外企业集团应从治理层级、财权配置、管控架构、职能配置四个方面建造完善的境外管控体系。汤俊峰（2022）提出集团财务管控体系应在企业集团战略的指导下，明确企业集团财务管控的目标，围绕每一项具体的财务管理活动，从组织、制度、流程、模型等核心管控要素出发，设计信息、资金、风险、绩效等相应的管控策略，将其嵌入 IT 环境，最终形成企业集团财务管控体系框架。可见，现有研究文献研究角度各异，对境外财务管控体系的构建尚缺少明确的、一致的分析框架。

三、并购整合的目标与原则

新的国际形势对我国企业的境外财务整合提出了更大挑战。首先，随着中美经贸摩擦呈现持久态势，以美国为首的一些国家对中国企业的戒备和防范逐年升级，针对中国企业和产品的技术壁垒、反垄断、反倾销和安全审查等行为日益频繁，国际环境不确定性明显增加，经济全球化遭遇逆流。加强境外财务管控是外部国际环境变化的客观要求。其次，财务管控优化也是我国企业强化自身优势，提高国际竞争力的有力保障。从政策层面，国务院国资委于 2017 年 1 月发布了《中央企业境外投资监督管理办法》，明确要求中央企业建立健全境外投资管理制度，强化战略规划引领，明确投资决策程序，规范境外经营行为，加强境外风险管控，推动"走出去"模式创新。国有企业应顺应国际环境的变化，提高境外投资管理的针对性和有效性，积极探索适合自身业务特点的境外财务管控模式。

相对于国内并购，跨境并购后的整合难度更大，影响因素更多样化。对于并购后整合问题，需要在理论上明确并购后整合的目标、基本原则以及基本要素。

（一）并购后整合的目标

根据企业竞争优势理论，打造核心竞争能力，从而获取竞争优势，是企业的长期战略任务。从这个角度来看，跨境并购的后期整合应该以核心竞争能力提升和国际竞争优势强化为目标，结合企业的内外部环境因素，合理进行资源的重新配置。增强企业的国际竞争优势，不仅需要并购双方的资源进行有效协同，更需要结合企业的长期战略，培植企业长期的竞争优势。

成功的并购为公司的成长和生存提供坚实的基础，使合并的公司能够重新配置业务，增加、重新部署、重组或剥离资产和资源，进而加强资源基础。并购是获取特定资源以追求增长的一种原始手段。目标企业通常带有并购公司不需要的资源，并购公司必须在并购后整合阶段重组和剥离这些资源。目标资源需要在合并后的公司内部重新部署，以产生协同效应。

（二）并购后整合的基本原则

1. 创造价值增量原则

公司跨境并购属于投资决策之一，本质上应该服务于公司财务的最高目标：股东财富最大化。评价公司并购成功与否的重要

标准就是并购后公司的价值是否有所提升。价值创造从一般意义
上来讲,是把公司看作一个能力的集合,企业的各种能力综合起
来为公司的利益相关者创造价值,并以此决定公司的竞争优势;
在同一个行业里,创造价值越高的公司,就具有越强的竞争优势。
并购情况下的价值创造则是参与并购的双方管理人员和其他员工
同心协力,促进和实现了的企业能力的传播与重组,从根本上改
善公司产出的长期性行为。为此,并购后的相关决策应该以能否
提供公司的整体价值为标准。

2. 战略优先原则

两家公司的资源整合整体上应该服务于公司的总体战略,被
并购公司的经营战略应该服从于主并购方的战略。企业研发、采
购、人力资源、企业文化和营销体系应着眼于公司总体的战略安
排,从系统视角全方位构筑并购后公司的整体竞争优势。并购交
易本身是企业扩张型战略的组成部分,并购整合应服务于公司的
长期战略目标。

3. 尊重差异原则

跨境并购的双方存在公司文化、业务、管理水平、资源禀赋
等诸多差异,为实现有效整合,首先要尊重差异的存在,在此基
础上,了解差异产生的背景以及原因,对于根深蒂固的文化差异
需要有足够的耐心和综合的方案来处理和应对。企业文化的不相
容最终可能使整个并购过程功亏一篑,企业应当充分考虑不同国

家、民族文化和企业文化的差异，注重文化融合管理，促进协同
效应的形成。

4. 因地制宜原则

跨境并购中的影响因素复杂多样。并购后的企业，其发展空
间、生产规模、竞争条件等都会随着并购的实现而发生极大的
变化。很难找到一套统一的模式适用于所有的并购。每个公司在
并购后面临的问题千差万别，每一个整合都存在着个性因素。因
此，并购后的整合在遵循基本原则的基础上要着重分析公司的特
殊性，创新性地针对不同公司的特性提出解决方案。对不同项目
差异化施策，充分考虑不同国家、不同金融市场、不同税收制
度、不同企业文化、不同的持股比例等因素，制定个性化的并购
整合方案。

5. 整合速度与质量相平衡原则

成功实现快速整合的企业可以更快地从并购的积极影响中
获益，能够迅速恢复日常业务的管理和运转。然而，并购后的整
合是一个复杂多变的过程，主并方可能在该过程的任何一处犯错
误。一方面，如果企业因为害怕破坏现有的组织而在制定整合目
标方面过于缓慢或谨慎，它最终将为其不使用的资源支付额外费
用；另一方面，如果企业在并购后的整合过程中过于激进，重组
和整合目标资源过快或过粗，亦会使并购失去原本可能带来的更
大价值。

在某种程度上，快速集成是较好的，但是过快的整合存在企业做出不明智决定、忽略重要方面的风险。因此，把握整合速度和质量之间的平衡是必要的。

6. 成本效益原则

企业进行任何重大决策都要考虑和遵循成本效益原则，进行并购整合也不例外。只有整合所带来的收益大于所花费的成本时，整合才是有意义的。因此在整合之前，企业要认真比较各种可能的方案，对整合的成本效益进行科学、合理的估算，选择成本最低、产生效益最大的整合方案，以保证企业资源优化配置、提高竞争能力，这些实际效果可以表现为企业经济效益的提高、内部员工稳定、企业形象优化和各种资源要素得到充分利用。

7. 系统性原则

企业并购整合本身是一项系统性工程，涉及企业各种要素的整合。企业并购后整合的各个子系统都是众多子系统中的一部分。因此，各项整合活动的进行必须与其他子系统的整合配合进行，如战略整合、人事和文化整合、组织和管理整合、财务整合，相互协调、相互促进。

企业并购整合过程还要与企业的战略目标协调统一。只有各类整合活动的目标与组织目标相统一，并购后的整合才可以起到系统性的积极作用。

8. 优势互补原则

企业是各种要素组成的经济实体，并购后各种要素处于动态变化中，势必要在一定时间和条件下达到新的动态平衡状态。最佳组合应该是适应并购后环境的组合，而优势互补平衡和最佳组合是针对不同企业而言的。因此，在整合的过程中，一定要从并购后整体的优势出发，善于取舍，通过优势互补实现新环境、新条件下较为理想的组合。

第 3 节　跨境并购整合的主要内容

一、跨境并购整合的基本框架

并购整合是由一系列整合目标、整合理论、整合原则、整合内容构成的框架体系，并购整合的基本框架如图 4-2 所示。

在并购的整个过程中，后期的整合是影响并购成败的关键步骤。如何有效进行后期整合并没有放之四海而皆准的统一标准方法，但是聚焦于公司战略目标、谨慎规划业务发展、发掘潜在的协同价值有助于公司并购目标的实现。跨境并购整合的总体目标是强化公司的国际竞争优势，并购的协同效应必须服务于推动公司战略的实现。

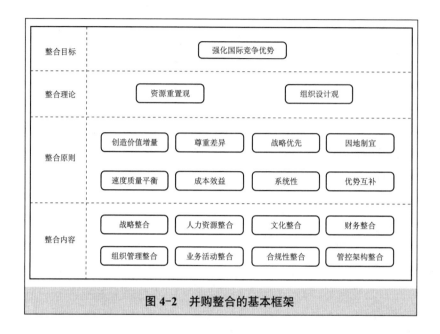

图4-2 并购整合的基本框架

按照整合的基本理论和整合的基本原则，采用多样化的整合，包括战略整合、人力资源整合、文化整合、财务整合、组织管理整合、业务活动整合、合规性整合、管控架构整合等内容。在单一的并购交易中，并不需要实施全部的整合内容，整合内容的选择应该结合并购目的和战略需要进行灵活组合。例如公司并购以获取财务协同效应为主要目的，那么财务整合就应该作为整合的主要组成部分；如果并购交易是以获取纵向价值链，如稳定的供应商为主要目的，那么业务活动整合就应该是并购整合的核心。

通常并购交易中信息不对称问题会更加严重，因此，在并购后初期，应与目标公司及时进行信息沟通，减少信息不对称导致的决策偏差。要充分重视并购整合的复杂程度，提前作好并购整合的预先规划。并购整合的规划需要从以下几个方面着手。

第一，并购整合并不是从并购交易完成才开始的，并购整合的起点应该是发现并购机会的时点。在并购交易之前，主并方就已经对并购的整合形成了总体的思路和办法，理论上，并购整合的起点应该是主并方发现并购机会的时点。在并购前期审查过程中，经过与目标公司的前期接触和调查，主并方应就并购后可能存在的价值增长空间进行充分的预计和安排。并购整合的规划通常是围绕着未来潜在的协同机会展开的。并购整合的规划进行得越早，准备工作越充分，后期的整合工作也会越顺利。

第二，并购整合的目标是提高公司的核心竞争力并提升公司价值。通过这种融合，公司旨在实现一个或多个战略目标，特别是巩固其核心业务、进入新市场、在特定地理区域确立自己的地位、使业务多样化、获取新技能（技术、专利）等。无论采用何种方法和路径，并购整合服务于公司战略的目标必须清晰明确。

第三，明确的整合计划是并购整合成功的关键。整合计划需要并购团队在并购尽职调查完成后形成初步一致的意见。完整的整合计划应该包含整合的时间进度安排，主要资产、业务、人员的整合计划，整合的负责人员安排。详细完整的整合计划对于快速展开并购整合工作，理顺后期的决策思路具有重要的意义。

第四，充分的沟通和较快的整合速度可以有效提高并购整合的效率。并购整合过程中会涉及与被并购企业员工和管理层的沟通与协调，充分的沟通可以使员工理解主并方的意图并快速协商解决重组事宜。如果人心惶惶，会影响公司的正常经营，不利于后期的快速整合。通常并购后目标公司的管理层和员工会产生较大的情绪波动，因此在整合沟通过程中应尊重目标公司的员工，充分听取其意见并明确公司未来的整体安排，这可以树立信心，避免员工情绪变化导致的经营障碍。

第五，文化差异因素是并购整合前必须考虑的因素之一。文化与管理息息相通，企业文化随着时间的推移而发展。文化转变往往具有渗透性和缓慢性，是不易衡量和控制的软因素。因此，文化差异可能会成为并购整合成功的最大障碍。尤其是跨境并购涉及不同国家的文化和不同企业的文化，包括语言、传统、生活习惯、宗教信仰等文化因素，在并购整合过程中需要全面考虑并融入综合整合方案。

第六，实施强有力的项目治理和风险管理对于并购整合成功至关重要。大多数情况下，并购整合必须明确项目团队。项目团队应考虑到各种可能的风险，因为整合过程会面临各种突然的、难以预料的挑战。并购整合过程中，很难完全预见风险何时会发生，以及导致风险的原因可能是什么，在这种情况下积极主动的风险管理显得尤为重要。建立健全项目治理的交易者更有可能识别和管理风险。另外，有力的项目治理与较快的整合速度以及成功的文化和变革管理密切相关，是及时完成并购整合的必要前提。拥有强大项目治理能力的企业往往能够按照最初的计划完成并购整合，甚至更快完成。这给并购后的企业带来了交易投资回报，带来了更好的交易后机会资本化以及更低的组织不确定性。

第七，获取协同效应是并购整合过程中最重要的成功驱动因素之一。协同效应几乎是所有并购交易的关键动因，也是创造价值的必要前提。对目标公司的核心职能和辅助职能应区别看待，整合辅助职能很常见，完全整合核心职能是具有挑战性的，但有望带来更高的协同效应，从而转化为卓越的并购。不过，一般而言，客户服务、营销和销售的整合难度相对较低。在有些情况下，保持目标公司原有独立品牌和面向客户的销售渠道不变是更好的选择。在有些并购中，完全整合可能不是最佳选择，因为被并购的目标公司有其独特的文化，具有价值且值得保留。并购整合内容的选择应该结合并购日的和战略需要进行灵活组合。

二、并购整合的主要内容

跨境并购的一个重要的动机就是实现协同效应，包括业务协同、管理协同、财务协同等方面，这些都通过并购后对标的公司业务的整合得以落地，对标的公司整合的预期一定程度上也反映在支付的收购对价中，吴术团（2015）认为并购双方文化和管理方式的差异会给公司未来的运营带来很大的潜在风险。可以说，有效和合理地进行财务整合是确保并购方实现并购战略和并购效益的关键。有效的整合不是并购双方业务的简单叠加，而是文化、业务管理、财务管理、人力资源等方面的深度融合和一致认同以形成合力，整合还涉及宏观层次的政治、法律、商务环境等因素。

并购方在并购工作开展前期即应形成系统的、具体可行的整合方案，跨境并购往往面临信息不对称、尽调不够充分等问题，整合方案除了应该对业务、管理协同制订具体计划外，还应该对标的公司的财务状况保留腾挪空间，并全面考虑业务整合带来的追加投入和对现金流的影响。在整合初期，标的公司的雇员、上下游渠道的整合预期会有较大波动，如担心商品质量和售后服务的延续性、销售渠道分成和采购机制的调整、薪酬和福利政策变动等，因此在整合初期有效的沟通是关键，应有专门预案，依托标的公司管理层明确传达并购后的业务安排，保证业务稳定。

并购的长期目标是实现业务协同，大部分跨境并购主要是为实现业务全球化布局和借鉴技术、管理上的优势，完全自建团队的难度和风险都非常大。考虑到跨境经营文化、商务环境和地域上的显著差异，管理上需要依赖本地团队，所以应充分发挥现有管理层和核心员工的主导作用和积极性，建立适当的激励机制，保证管理层充分参与公司治理，坚持本地化独立运营。并购方在放权经营的同时，在财务管理的方式尤其是原则和目标上应保持一致，需要建立起完善的财务信息监控机制，加强财务风险预警体系的建设，重视并购公司的组织结构整合和财务经营战略的整合，从制度和系统层面降低出现财务风险的可能性。对使用不同会计政策的目标公司，应明确转换标准归口管理至并购方，以让并购方实时了解目标公司的经营状况，并及时采取措施解决产生的财务问题，应对整合过程中可能出现的挑战和风险。

企业跨境并购后的整合内容主要包括以下方面。

（一）战略整合

跨境并购完成后的企业相当于一个新企业，其战略也需要重新制定。企业的并购过程可以理解为外部环境与内部条件改变与匹配的过程，战略整合也成为一种必然。企业并购中的战略整合是对企业发展的方向性调整。只有在并购后对目标企业的发展战略进行整合，使其符合整合企业的发展战略，才能使并购方与目标企业相互配合，使目标企业发挥出比以前更大的作用。

战略整合是企业并购中一项可操作性很强的工作，包括战略整合的准备、战略调整与重新定位、对目标企业的战略实施。

企业内部与外部因素的变化决定了战略的动态性，战略整合首先要从并购后企业的内外部因素入手。企业内部因素的分析可采取优劣势分析法。企业的优势指企业赖以获得成功的长处，而企业的劣势指企业需要加以改进的不足之处。进行优劣势分析，要针对企业并购的不同方式，分析企业规模经济、范围经济、交易费用的降低等因素给企业带来的优势，以及与竞争对手相比企业仍然存在的不足。企业通过并购可能取得了规模经济效益，降低了交易费用，通过分享技术、分销渠道、稳定货源等，提高了产品的竞争力，降低了生产成本，但也可能由于业务部门增多、管理层次增加而使管理效率降低。对并购后企业外部因素的分析可采用机会与威胁分析法，侧重于分析企业竞争地位的改变和市场权力的变化，由此决定企业发展战略的变化。

企业在市场中的竞争地位分为四种：市场领导者、市场挑战者、市场追随者、市场补遗者，它们在行业中分别处于统治地位、有利地位、防守地位、虚弱地位。处于不同竞争地位的企业可选择的最佳发展战略是不同的。市场领导者的战略有三方面重点：第一，必须致力于扩大产品需求；第二，通过好的防御和进攻来保护现有市场占有率；第三，即使在市场规模不变的情况下，也努力进一步增加市场占有率。市场挑战者的战略有两种选择，它可以攻击市场领导者和其他竞争者，以夺取更多的市场份额，或者它可以参与竞争但不扰乱市场局面。市场追随者常常效仿市场领导者，为购买者提供相似的产品，稳定自己的市场占有率。它的战略重点在于保持现有的市场份额和开拓新的市场。它必须以特色的产品和服务在市场中站稳脚跟，而且要确定一条不会引起竞争性报复的增长路线，为此它要选择如下的一种追随方式：紧紧追随，保持一定距离地追随，有选择地追随。一般来讲，市场追随者重视的与其说是市场占有率，不如说是盈利。市场的补遗者为市场的某些客户提供专门服务，它的战略着眼于通过专业化服务为那些可能被大企业忽略或放弃的市场提供有效服务。并购后的企业要分析它是否通过并购改变了市场地位。

（二）人力资源整合

人是企业生产经营活动的主体，并购整合中的人员因素对并购的最终成败有着至关重要的影响。人力资源整合涉及的问题既多又复杂，因此，必须极为慎重地进行人力资源的整合。

对于人力资源整合中高层管理人员的选择，应选派具有专业管理才能，忠诚于并购方企业的高层管理人员。高层管理人员选派不当会造成企业人才和客户的流失、经营混乱，影响整合和最终并购目标的实现。如果是混合并购，并购方对被并购方经营业务不熟悉，又找不到合适的高层管理人员时，不妨继续留用被并购方的高层管理人员。一般来说，并购后留用高层管理人员的情况比较多。留用原企业高层管理人员虽然有利于保持企业并购后经营的稳定性，但也存在着并购方企业的控制权不易完全实现、一些目标企业的高层管理人员不完全接受并购方企业的领导等问题。因此，并购整合中要注意掌握控制权和经营稳定的平衡，落实主要高层管理人员的任免，选派合适的高层管理人员参与企业的经营。

并购后可能会出现有技术、有管理能力和经验的人才的流失，所以在整合过程中应注意对人才的安置问题。一般来说，如果并购方的业绩佳、名声好，目标企业的人才能以成为其中的一员为荣，往往会愿意留下。此外，并购能为目标企业带来发展和繁荣的机遇也有助于留住人才。并购后的企业可以通过提供更好的工作条件、升职、给高层管理人员股票期权和新增奖金红利等方式来有效地留住人才。

（三）文化整合

企业文化是企业中全体员工所拥有的共同信念，文化的载体是人，文化整合的目标是使并购后企业的全体员工形成文化归属感与文化认同感。不同的环境、语言、文化底蕴的公司进行并购整合时，文化的整合就显得尤为重要。

通常并购后的文化整合有4种模式：征服型、融合型、掠夺型和共生型。征服型文化整合模式可以理解为强文化吞噬弱文化。它要求并购方的企业文化必须是成功且成熟的，这样才能在整合中起到强有力的主导作用。一般来讲这种整合模式是较为迅速且效果明显的，但应注意是否会造成目标企业员工的抵触心理，并购方企业员工的优越感和目标企业员工的自卑感是否会形成冲突。融合型文化整合模式适用于双方企业文化各有缺陷，没有一方有明显优势的情况，要融合两个有差异的文化，取得文化上的协同和整合，应当"取其精华，去其糟粕"，对二者的优秀部分进行融合，对低劣部分进行剔除。这种模式容易得到双方员工的认同，整合的阻力较小，然而由于缺乏核心推动力，整合速度、风险和成本都会成为劣势。掠夺型文化整合模式中双方的文化冲突程度低于征服型文化整合模式，一般出现在并购方企业在经营权、所有权上征服目标企业，但企业文化不如对方，所以对目标企业的文化，力图理解并有选择地吸收和融合，常被称为"拿来主义"。共生型文化整合模式以求同存异为原则，保持各自文化的独立性，优势互补，在两种优秀的企业文化中寻找交汇点，以此推动双方共同发展。

随着各国对绿色环保的重视，基于可持续发展理念构建的环境、社会和公司治理（environmental，social，governance，ESG）报告已经成为国际业务拓展的重要支撑。从财务管控的角度，对环境的理解不仅包括对自然环境保护的尊重和投入，也包括对人文环境和政策环境的适应。尤其是在政策环境方面，需要建立对境外资产所在国的政策研究和应对机制，持续跟踪行业政策的变化趋势，了解所在国行业政策的拟定和影响机制，制定有效的政策应对方案，有效减少行业政策变化的不利影响。建立必要的协调沟通机制，积极主动与政策机构联系沟通，争取有利的外部环境和行业政策。

在文化融合方面，注重公司品牌与企业文化的建设和交流，提升企业国际软实力。拓宽新时代企业文化传播渠道，推进全球范围的认知认同。丰富传播内容，突出企业文化传播重点，在文化交流、员工利益保护、知识产权等方面抓好企业文化传播主题。拓展传播平台，构建立体多维的传播渠道，充分尊重和结合当地的风俗习惯，丰富企业的文化内涵和表现形式。深化跨文化管理创新，推进境外公司文化融合，以及企业文化与经营管理的融合，打造企业文化国际化品牌。

在社会责任方面，境外项目的长期发展不仅需要遵循东道国的制度要求和发展规律，也要服务于当地社区建设和社会发展。履行社会责任有助于提升东道国政府对企业的认可程度，降低其合规性风险，实现民心相通。

（四）财务整合

1. 财务管理目标的整合

财务管理的目标是财务整合工作的起点和终点。它是企业优化财务行为结果的理论化描述，直接影响财务体系的构建，并决定最终的财务决策。不同环境中的企业，其财务管理目标往往会有较大差异。并购方可能以追求利润最大化为目标，目标企业则以实现企业价值最大化或股东财富最大化为目标。并购后的企业首先要确立新的财务管理目标，因为它直接影响到并购后企业的财务发展方向及在日常财务活动中所运用的技术方法，有助于企业日常理财行为更高效与规范，有了统一的财务管理目标，新的财务管理组织才能正常运行。明确的财务管理目标也是并购后企业财务管理机制运行是否有效的重要判断依据。

2. 财务组织机构和职能的整合

就财务组织机构而言，如果企业经营过程复杂，财务管理和会计核算业务量大，财务组织机构相应就会大些，内部分工也较细，应当将财务管理和会计机构按职能的不同划分开来。财务组织机构部门应责权分工明确，并相互制约。财务组织机构的设置应该满足精简、高效的要求，防止岗位重叠、人浮于事，避免人力、物力的浪费和低效率的工作环境。只有形成一个既能调动各部门和职工的主动性和创造性，又能够实施统一指挥和有效控制的财务组织机构，才能使并购后企业的经济资源得到合理配置和充分利用。此外，在财务组织机构整合的过程中，对集权、分权的程度的把握、被并购方的财务管理机构设置哪些职能部门、享有的财务管理职权是否与承担的责任相匹配，这是财务部门能否有效履行责任的重要保证。

组织机构的协调运作是财务管控的基本保障。针对国际业务的复杂性，需要在财务、人力资源、资本运营、法治建设、风险管理与内部控制等多方面统一制定专门的机构和制度体系。对境外业务形成全面、专业、及时的对接，无缝连接企业管理与境外运营，实现业务经营与财务管控协同运作。

在境内外的信息沟通渠道方面，在数字化背景下，应力争实现境外资产运营核心资源、关键流程以及绩效指标等的在线监测。建立多种数据分析模型，进一步挖掘数据信息，实现从数据监测到数据分析的转变，为企业决策提供依据，提升企业境外资产的动态管控能力和运营水平。持续赋能财务管理"五个能力"（价值创造能力、运营创新能力、资源配置能力、资金融通能力、风险防控能力），推动财务集约化与体系化的持续提质升级。

3. 财务管理制度的整合

如何有效支撑企业国际业务战略规划，释放财务管理活力？关键是境外业务财务管控水平的持续优化。随着国际环境的变化和境外竞争日趋激烈，境外企业财务管理需要科学施策，优化管控模式，全面推动产业升级和高质量发展。

并购后企业实现了财务机构、财务人员的整合后，接下来的重点便是财务管理制度的整合，人员、机构、制度三方面的整合工作，是并购方对被并购方实施有效的财务控制的坚实基础。财务管理制度的整合归根结底是企业所实行的一系列财务政策的选择。由于财务政策是一种自主选择的政策，并购前各方企业是根据各自的总体目标和现实要求制定或选择有利于自身发展的财务政策，因此处于不同利益主体地位的并购各方在并购前的财务政策会存在较大的差别；并购后各方合并为一个企业群体，总体目标一致，因此，在选择财务政策时不能再仅仅从单个企业的角度出发，而应当以并购后整个集团的利益和目标为基点来选择或制定财务政策。财务管理制度的整合是保证并购企业有效运行的重要一环。财务管理制度的整合包括财务核算制度、内部控制制度、投融资制度、股利分配制度、信用管理制度等方面的整合。不论是何种形式的并购，并购方若要对并购双方的营运进行合并，则财务核算体系如账簿的设置、凭证的管理、会计科目的使用、会计报表的编制方法都需要统一，来满足利益相关者对会计信息的需求。在整合并购双方财务核算体系的过程中，首先要对诸如会计凭证、会计科目、会计账簿等基础要素进行整合，然后进一步对会计核算程序、报表编制等进行整合。

（五）组织和管理整合

组织结构反映了一个企业的组织能力和对外部环境的适应能力。一个组织的绩效在很大程度上取决于合适的组织结构，企业战略只有通过有效的组织结构才能实现。并购完成后，为使企业迅速形成有序统一的组织结构和规模制度体系，进入稳定经营的状态，并购方管理者必须重新设计适应新的发展战略所需要的组织结构，并选派适宜的管理团队，以建立新的战略实施能力。

并购使企业的存在形态发生了变化，这种变化往往以组织状态的改变直接体现出来，这就使得组织整合成为一种必然。组织是人们为了实现某一特定目的而形成的系统集合，它有特定的目的，由一群人组成，有一个系统化的结构。它包括对组织机构的全体人员指定职位、明确责任、交流信息，协调工作等。

企业在发展过程中不断地对其战略形式和内容进行调整，而战略需要有相应的组织结构来保证实施。不同的战略要求开展不同的业务和设计不同的管理部门，战略重点的改变会引起组织业务活动中心的转移和核心职能的改变，从而使各部门、各职务在组织中的相对位置发生变化，相应地要求对各管理职务以及部门之间的关系做出调整。

在对境外子公司的管控手段方面，完善"三会"（股东会、董事会、监事会）议事规则，以更加规范的公司治理代替简单的直线型与垂直型管理，规避治理与制度风险、潜在境外合规风险；以规范的公司治理结构为依托，借助董事会和股东会，积极参与境外子公司治理，有效保障股东的各项权益，尤其是控股股东的权益，严防子公司的内部人控制；充分行使股东权利，做好境外公司股东代表、董事及高级管理人员的任命和选派；通过授权代表参加境外公司股东会、董事会和专业委员会，对重大经营事项作出决策，有效实现对境外公司的治理和管控。

（六）业务活动整合

不管并购方企业以何种角色参与目标企业的经营管理，对目标企业的经营业务都有必要进行调整，或是一般的经营政策上的整合，或是对目标企业战略业务的根本性转变。在并购整合过程中，进行并购后经营业务整合十分普遍，如某产品生产线不符合并购后的企业整体发展需要，或并购双方企业的业务线重复需要归并等，都涉及经营业务的整合问题。由于亏损严重的企业被并购的较多，所以一般都要调整企业产品结构，提高企业的盈利能力。为了充分发挥经营管理的协同作用，对目标企业的采购业务与销售业务也需要进行整合，如集中采购或统一销售等。

对于以密集型发展战略为主、追求规模经济效益的企业来说，并购后生产整合问题十分重要。生产整合指完全相同或相似的产品在生产上的整合。如果并购双方在技术、生产设备、工艺流程及员工技术素质等方面具有相近性，则生产整合较容易进行。生产整合会使企业的生产组织得到优化，能产生直接的协同作用，给企业带来并购增值。

随着科学技术的不断进步，新技术、新工艺不断涌现，一个企业很难全面拥有想要获得的先进技术，企业要想快速拥有和掌握新技术及人才，捷径就是并购，利用技术整合带动提升企业的技术水平，提高经济效益。在跨境并购中，围绕获得高新技术而开展的并购中，企业并购后的业务整合成为重中之重。

（七）管控架构搭建

并购整合应该以财务模型为引领，注重搭建并购双方在境外业务投前、投中、投后全流程的财务管控架构。财务模型是对未来公司长期财务业绩、现金流量以及财务状况的综合模拟，以此为基础可以形成对财务估值、并购定价与并购后商业运营的指引。境外项目投资和运营过程中，财务模型对于指导项目投资、并购、后期整合起到至关重要的作用，尤其是大规模的基础设施建设，投资规模大、周期长、影响因素多，完善的财务模型对于指导其境外项目投资决策、增加项目效益举足轻重。财务管控是以财务模型贯穿管控循环，在对境外项目财务模型和主要参数进行充分研判的基础上，进行投资决策、预算控制、经营分析、财务评价和反馈。财务模型融入公司境外财务管控的全过程，主要体现在以下三个方面。

一是通过构建和完善财务模型实现境外项目投前与投后管控的有效衔接。财务模型是公司在并购前对目标公司未来的长期业绩规划。财务模型的构建过程本身就是对目标公司未来业绩驱动因素的详细解析，并最终以预计利润表和预计现金流量表等形式表现出来。财务模型可以帮助公司进行并购前的估值和并购决策。并购完成后，财务模型也是指导整合的重要管控工具，财务模型中设定的各种参数（如收入增长率、成本费用率等）也会作为后期编制预算的主要依据，进而形成并购投前阶段与投后阶段的有效连接。

二是通过对境外项目的持续跟踪反馈，实现对财务模型的动态调整，用以指导境外项目决策进一步优化。一方面，随着境外项目的持续运营，对投资资产进行定期估值复盘和投后评价，从宏观因素、监管因素、公司层面因素等方面对财务模型各输入参数进行重新梳理，这有利于重新评估项目价值的驱动因素，发现项目潜在风险，对财务模型进行持续优化调整。另一方面，在运营过程中，将前方团队对驱动因素的再识别和汇报，反馈给财务部门，进而为新项目的估值模型提供新的依据，各专业部门在前方团队分析的基础上，按照专业领域对影响境外公司业绩的驱动因素进行复核，前后方协同，深入挖掘优化措施，对原有财务模型进行动态调整，促进价值提升，为并购新的境外项目提供决策依据。

三是将财务模型与预算管控循环相结合，实现业绩驱动因素的持续跟踪与优化。作为财务管控的重要管理工具，预算管控从预算目标的制定、执行进度的跟踪、业绩差异的分析到业绩评价形成完整的闭环管控循环。以预算管控为抓手，通过强化被并子公司的预算管控循环，深挖各国际业务板块的业绩驱动因素，提升公司整体投资回报水平。预算目标的制定需要综合考虑财务模型的各种业绩驱动因素。由于境外项目所在国的宏观环境因素和项目公司的自身因素共同作用于公司效益，因此预算将境外公司的重要经营指标作为切入点，识别其效率效益驱动因素。通过构建全流程全面预算管理制度，助力强化预算的战略引领、价值导向、资源配置和经营管控，全面提升企业经营管理的质效和发展活力。

（八）合规性整合

对国际并购业务而言，合法合规是确保并购整合顺利推进的基本要求，直接关系到公司境外业务能否顺利发展。公司按照国际化战略目标和国际业务布局，结合境外资产当地法律的监管要求，建立健全国际业务合规管理体系。

一方面，鼓励境外公司根据当地监管要求，建立并完善符合当地监管要求与公司管理实际的合规管理体系。以防范法律风险和财务风险为目的，研究国际业务涉及地的法律法规及相关国际规则，准确把握不同地域环境、司法体系下合规的内涵，重点识别合规风险，开展针对性的防范和化解工作。建立合规管理责任制度，明确合规责任到岗到人，做好重点区域、重点方面、重要环节和岗位的合规风险防范工作。科学开展合规管理，因地制宜，分级管理境外公司合规管理工作。

另一方面，境外公司财务管控应通过严密的财务分级授权体系来实现，结合境外公司业务开展需要，针对性地建立健全兼顾风险管控和决策效率的财务授权审批制度，将境外子公司股东协议和财务授权手册的规定纳入公司财务授权体系。全员树立合规意识，以合规经营价值观为导向，以有效防控合规风险为目的，将合规管理要求全面嵌入国际业务相关活动。着力建设风险管理与内控全体系，以体系构建夯实风险防火墙。从风险预警、结果合规、过程控制及风控绩效四个维度，以财务流程为基础搭建规则框架，实现对境外业务的全面覆盖。

三、跨境并购整合的效果评价

并购能否给股东带来收益，现有的实证研究还存在较大分歧。Loughran 和 Vijh（1997）认为，并购方的短期超常收益通常为负或零，并购不会为并购方带来协同效应，也不能提升并购方的业绩。相反的观点认为，并购能够为企业带来正的超常收益。Jensen 和 Ruback（1983）的研究表明，在成功的并购活动中，并购方公司股东大约有 4% 的超额收益。Alexandridis 等（2010）用全球数据进行研究，发现在不同的国家的并购，并购方的收益情况受市场竞争程度的影响。市场竞争程度越高，并购方在并购中的收益越少，反之，收益越多。可见，不同的并购环境和并购条件可能产生不同的并购收益，而并购的长期绩效很大程度上取决于并购整合的效果。

图4-3列示了并购后不同时期整合效果的变化趋势。并购整合的效果按照时间长短可以分为短期效果、中期效果和长期效果。短期通常是并购完成后的3～4个月，即一个季度左右；中期是12～18个月；长期则是并购后3年左右。不同时期的并购整合效果自然会有所不同。

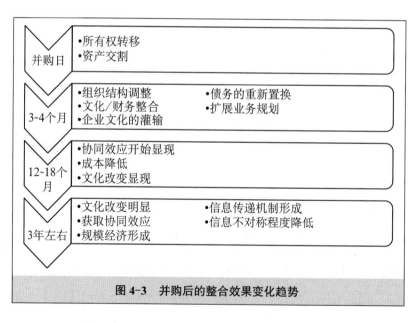

图4-3 并购后的整合效果变化趋势

跨境并购整合在并购完成后的不同时期的重点和表现的效果各不相同。通常在并购交易日，所有权转移给主并方，并且资产进行相应的交割转移。之后的3～4个月是进行并购重组的最重要阶段，这个时期围绕着重组计划的实施展开，包括组织结构的调整、文化/财务的整合、债务的重新置换、扩展业务规划、企业文化的灌输等。整合阶段通常不会持续很长时间，快速高效的整合往往可以起到优化并购效果的作用，拖沓过久的整合很可能导致并购后的业务规划无法按时实施。并购后 12～18 个月，短期绩效显现，业务方面、财务方面的协同效应逐渐显现出来，规模经济所带来的成本降低经验开始逐渐推广，企业文化的改变也开始在某些方面初步显现。并购后的 3 年左右，企业文化已经得到明显的改变，企业间的沟通和信息传递也形成程序化机制，信息不对称程度大幅降低。并购的协同效应已经得到充分体现，规模经济效果在财务报表中能够得到良好的表现。

对于并购整合效果的评价通常从三个角度进行。一是从并购战略的实现程度角度进行评价，包括公司的市场占有率是否有效提升，品牌影响力是否增强，公司的单位成本是否下降，研发投入和研究实力是否提高，新产品的推出速度是否提高，从非财务指标的角度判断公司的长期战略竞争能力是否得到有效提升等。二是从股票价格的角度，考察并购后主并方股票价格的短期和长期变化趋势，从短期来看，常用的指标是 CAR（累计超额收益率），长期指标是 BHAR（购买-持有超额收益）。三是从公司财务指标的角度进行评价，主要分析并购后长期的财务业绩，考察主并方的每股收益（EPS）、净资产收益率

（ROE）以及经济增加值（EVA）等财务指标，判断并购对主并方的长期财务影响。

第 4 节　跨境并购整合的案例分析

一、案例背景

B 公司是巴西能源领域最大的私有企业，主要开展配电、发电和电力交易等业务。配电方面，B 公司是巴西最大的配电企业，全资拥有 9 家配电公司，服务区域约 20.4 万平方公里，服务用户约 770 万，拥有 13% 的市场份额。发电方面，B 公司是巴西第二大私有发电企业，以水电为主，其控股的新能源公司是拉丁美洲最大的新能源发电公司。

2016 年 9 月，我国国有企业 A 公司和 B 公司的原股东巴西卡玛古集团签署股权转让协议，A 公司以每股股票支付 25 雷亚尔的对价，收购 B 公司 23.6% 的股权。2017 年 1 月 23 日，A 公司再次出资 75 亿巴西雷亚尔收购新能源公司的 29.4% 的股份，控股比例达到了 54.64%。

2017 年和 2018 年，A 公司又对 B 公司进行了两次收购，持股比例提升至 99.94%。B 公司是 A 公司迄今为止交易规模最大的跨境并购项目，也是其所经历的最复杂的并购项目。

二、并购后的财务管控分析

并购完成后，A 公司对 B 公司进行财务整合，按照"战略＋财务"的管控模式，通过多年的摸索，形成了具有自身特色的跨境业务财务管控体系。A 公司的财务管控特色可以从以下三个维度解析。

（一）管控模式

在管控模式上，以"战略＋财务"作为境外业务财务管控的主要模式。

经过近十年的实践探索，A 公司逐渐形成了对国际业务"战略＋财务"的综合管控模式。在这种管控模式下，A 公司以公司总部战略为指导，负责境外控股公司的战略规划、资本运营和财务管理，同时制定境外公司的关键业务规划，并提出达成规划目标所需的投资预算，审批境外公司的经营计划，批准其预算，并交由境外公司执行。在财务方面，A 公司负责为境外全资和控股公司确定年度财务目标，协助其作出融资决策。对于境外非全资公司而言，其具有相对独立的经营权和决策权。"战略＋财务"管控模式需要集团公司进一步落实"放管服"政策，充分考虑国内外经营环境的巨大差异，在整体风险可控的前提下，赋予 A 公司更大的管理权限，进一步提高工作效率，优化资源配置，提升价值创造能力。

（二）管控架构

基于"大财务观"构建境外业务投前、投中、投后全流程的财务管控架构。

A 公司贯彻国资委的国企改革要求，以"管资本"为主加强股权管理。建立健全境外投资项目全过程管理机制，提升公司资本运营管理水平，强化战略引领、权责匹配、效益导向、闭环管控。财务管控涵盖财务规划、经营目标确定、境外资本运营、预决算、资金、财税、产权、内部控制、风险管理、财会队伍建设等工作，公司内部各部门紧密合作，管理内容涵盖境外项目投前、投中、投后全过程，"大财务"管理特征显著。

A 公司以财务模型贯穿境外投前项目评估和投后整合运营。国际业务的财务管控由投前项目评估和投后整合运营共同配合完成，在投前项目评估阶段，需要对项目的业绩驱动因素进行充分的尽职调查、评估分析，并形成估值模型，常见的业绩驱动因素包括宏观因素（如 GDP、财税政策等）、监管指标（如资本性支出情况、经营性支出情况、融资成本等）、关键财务指标（如净利润、ROE 等），这些驱动因素在投前以预测的形式计入项目的估值模型，在投后整合运营阶段初期，会作为境外项目预算目标的制定依据。公司应以预算控制作为手段，指导项目投后的整合与运营，并进行项目的投后评价。因此，在投前阶段，财务模型是指导投资或并购的决策工具，而在投后整合运营阶段，借助财务模型所确定的业绩驱动因素，转变为投后运营管理工具。

　　投前阶段是跨境并购交易或绿地投资项目的筹划阶段，投前阶段以投资决策为核心，总体上把关投资计划的财务可行性，审核项目的财务尽职调查内容、交易架构的设计以及融资方案设计和税务安排、项目估值的合理性等关键问题。A 公司以资本运营部为牵头部门，联合其他部门共同组织前期项目的搜寻和分析、尽职调查、并购项目估值、监管机制分析、汇率风险评估、并购条款设计、融资方案设计、投资决策等具体工作；通盘考虑东道国的宏观经济状况、市场状况、电力市场监管制度对项目未来运营收入的潜在影响，东道国税制、税收优惠协定及国际税收协定、避税地选择对投资架构的影响，货币政策、外汇管制对利率、汇率的影响，股利汇回和未来退出投资成本最小化对组织架构层级的要求等。

　　投前阶段的境外财务管控主要以投资决策风险管控为主。为此，A 公司注重部门专业化分工与协同，一是建立充分的信息沟通与共享机制，确保尽职调查信息共享，总部及下属各级单位对项目情况的掌握保持较高的一致性，由 A 公司总部负责直接决策，降低代理成本。二是结合境外业务特点，将财务可行性研究的复杂环境抽象为特定的条件并形成决策依据，在可行性分析中充分考虑环境条件的影响，设定不同场景下项目的可行性结果，减少了各类不确定性。A公司总部能够充分考虑各种外部环境变化的影响及应对预案，审慎决策，有效控制投资决策风险。

投中阶段以按计划完成并购交易过程或投资过程为核心，包括并购项目的谈判与方案优化、融资方案实施、绿地项目投资建设等主要工作。投中阶段由资本运营部和财务资产部共同分工协作，在并购交易条款的设计与优化、融资方案的优化与实施、税务架构、投资资金的管理等方面通力合作。在项目投资建设初期，需要总部利用其规模和资源优势，对下属单位新入境外市场的行为予以督导和协调。因此，境外项目初期的财务管控要充分发挥总部在资源配置方面的优势和职能部门的管理协调能力，落实投资计划，管控投资风险。

投中阶段的境外财务管控主要以融资风险和投资成本管控为主。在融资风险方面，第一，融资合作方存在出资风险，重大投资项目一般会寻找合作方共同投资，若合作方由于经营困难等无法履行出资义务，将会导致出现资金缺口和再融资需求；第二，并购过渡期的融资期限未能接续，会造成短期内资金流动性不足；第三，大部分融资借款利率以浮动利率定价，当LIBOR（london interbank offered rate，伦敦同业拆借利率）发生变动，将直接影响利息支出。A 公司在境外融资风险管控方面，标准化融资设计流程，严格筛选融资合作方，优化融资结构与期限设计，利用信用评级充分发挥低成本融资优势，有效管控融资风险。投资成本管控方面，核心问题是控制实际投资成本，避免超出项目投资预算。为此，A 公司通过精细化管控投资预算，细化投资项目的支出项目和金额，明确各类投资支出的用途和规模，实现精细化投资预算管控，前期优化施工方案、细化成本费用开支标准，避免施工成本上升。对政治风险及自然灾害等客观因素，A 公司制定风险预案，降低建设施工超期或停工的风险。扩大施工设备、建筑材料等从 A 公司进口的规模，提升对投资设备和材料成本的可控性，在提升 A 公司经济效益的同时，有效管控了投资成本和固定资产的质量。统筹安排涉税问题，规范化税务管理流程，通过税务架构设计与税收政策，提升对税务的合规性和税务风险的管控，有效管控税务成本。

投后阶段是境外项目并购后的整合及运营阶段。在投后阶段，以围绕国际业务持续性盈利能力管理为核心，由财务资产部负责构建"战略+财务"型的财务管控体系，包括预算管控、会计核算、税务管理、资金回收及运转、业绩评价与考核、财务监督等具体内容，A 公司对境外各项目投资的金额、股权比例、融资构成、产能及重大财务事项等做到动态掌控。投后阶段以打造项目公司持续盈利能力为核心，通过对项目公司盈利能力驱动因素的理解和把握，协同境外项目团队做好境外项目的预算管控、会计核算、资金管理、业绩考核、税务规划和风险管控等。

完整的全业务链境外项目财务管控还包括投资退出阶段，投资退出是一种收缩战略，良好的投资退出行为不仅是实现境外投资价值回收的关键，也是公司实现全球资源优化配置的重要手段。在项目财务状况良好的情况下，有效退出能够带来估值溢价；在项目经营不善时退出，可以实现资源变现、优化投资结构的目的。投资退出决策的关键是退出时机的掌控和退出路径的选择，这需要综合考虑经济周期、政治、政策等外部环境因素，境外投资项目的生命周期、成长性、成本变化趋势等因素，以及企业本身的投资战略调整、财务状况等自身因素。财务部门通过测算处置价值、制定退出路径等协助规划筹谋，以达到最小化退出成本、最大化资本收益的效果。A公司目前的境外项目尚没有进入退出阶段，所以目前还没有涉及相应的投资退出期的财务管控。但从未来的市场发展情况看，需要考虑项目退出阶段的财务管控制度安排，对境外项目的退出标准、退出程序、退出中的财务管控进行制度性安排，从而健全从投前阶段、投中阶段、投后运营到项目退出阶段的全业务链管控流程。

（三）管控方式

在管控方式上，构建"战略目标-预算管理-绩效评价"三位一体的闭环管理模式，如图 4-4 所示。

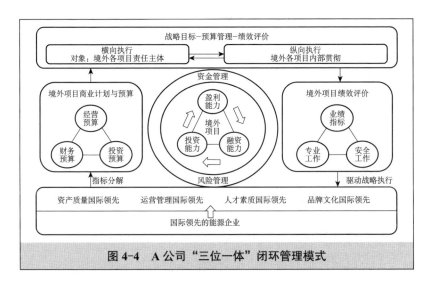

图 4-4　A 公司"三位一体"闭环管理模式

A 公司对境外项目财务管控以"战略＋财务"模式为指导，构建"战略目标-预算管理-绩效评价"三位一体的闭环管理模式。该模式的主要特征表现为以下几点。

以集团公司的战略目标为指引，基于总部的战略目标做好顶层设计。统筹规划境外项目的发展布局，提高境外项目的价值创造能力，为境外项目的健康发展提供坚实支撑。

通过预算管理连接公司总体目标与境外业务的具体目标，建立横向到边、纵向到底的预算体系。通过预算管理管控境外项目的发展方向和经营计划，统筹规划境外项目的收入、成本、利润、资金、资本性支出等事项。分别针对境外全资公司、控股公司和参股公司的不同特点，分类施政，体现不同类型境外项目的本地化特点。对境外全资公司进行精细化全面预算管理，预算目标的确定与审核，预算的执行报告与分析以及预算目标的考核由 A 公司直接管控。对于境外控股公司，A 公司负责提出预算的总体目标要求，预算的编制由各公司自行组织，A 公司负责对预算目标进行审核并对境外公司的治理程序提出建议，然后根据预算目标对境外项目负责人进行业绩考核。对于境外参股企业，A 公司通过规范的公司治理程序提出预算目标建议，履行出资者的法定权利。

以绩效评价体系驱动战略执行。为确保公司战略顺利实施落地，A 公司通过加强绩效考核管理，引导境外业务健康发展。由于境外业务不同项目差异较大，A 公司根据不同境外公司的业务特点，构建以全面预算关键指标为主体，以专业工作考核和安全工作考核为补充的指标体系，全面落实集团公司的业绩考核要求，通过业绩考核指标分解落实，并在业绩考核指标中注重项目长期价值增长及现金流回报，驱动境外项目不断提高价值创造的能力。

以"三位一体"的财务管控为基础，A 公司结合资金管理和风险管理等职能形成对境外业务的全过程财务管控。通过资金管理有效配置各境外项目的资金，通过境外项目融资方案的制定与实施、维护优等国际信用评级、资金监管与控制、外汇交易、资金优化配置与运作等助力境外业务的高质量发展。

在财务管控过程中，将风险管理全面纳入财务管控的各个方面。在财务风险防控方面，遵循依法合规管控的原则，建立公司监管合规及内控体系，切实防控经营财务风险。借助预算管理工具推动公司风控管理从事后监督向预警预防转变。将风险防控类指标引入绩效评价体系中，通过标准化流程提升境外业务风险识别和应对能力，实现风险防控的闭环管理。

第 5 章
跨境并购后的收益回流

第 1 节　研究背景

随着我国经济的快速发展和国际化水平的提升，越来越多的企业开始进军境外市场进行境外投资，其投资的国家和地区不断扩展，境外并购项目的数量不断增加，规模不断扩大，所面临的风险与挑战也越来越复杂。

跨境并购完成后，境外投资公司的收益如何顺利实现回流是跨境资本运营中必须考虑的重要问题。为保障公司的境外投资收益，降低投资风险，境外法人需要综合考虑各种方式尽快收回项目的投资收益。跨国公司需要综合考虑税收制度、资金成本和投资需求等因素，统筹规划境外项目的资金回收方式，最大限度地保障境外法人的投资者权益。由于公司海外业务的拓展，业务管理模式的多样化、复杂化，加上外汇管制、税收监管等宏观政策日趋严格等，境外收益回流的问题日益复杂化和多样化。

境外收益回流的方式主要有股利支付、减资、关联贷款等，其中股利支付为最主要、最常见的形式。股利支付政策是公司财务管理活动的重要内容之一，也是影响公司投资活动和筹资活动的一个重要因素。公司股利支付政策涉及是否发放股利、何时发放股利、发放多少股利、以何种渠道和方式发放股利的策略，涉及公司对其利润是进行股利发放还是留存再投资的决策问题。合理的股利支付政策有利于公司财务管理活动的有效进行，有利于树立良好的公司形象，有利于公司的长期健康发展。

境外投资项目的股利支付是将利润汇回母公司的一种方式。跨国公司的股利政策关系到境外项目的利润汇回，与境外项目和其母公司都密切相关，是跨国公司进行财务管理的必要环节，应当得到足够的重视。

境外收益回流问题主要探讨我国跨国公司在参与国际竞争、进行境外投资的过程中，境外投资收益回流的决策路径及面临的风险，分析影响境外项目分红策略的因素，探讨境外投资项目如何进行股利分配以及跨国公司如何针对境外投资项目制定专门的股利分配实施细则进行考核管理，从而达到合理管理境外项目的股利分配以及实现集团公司利益最大化的目的。境外收益回流问题已成为我国跨国企业进行境外投资需要关注的重要问题。境外收益回流问题主要有以下特点。

（1）境外收益回流应该与跨境并购和投资决策通盘考虑，统筹部署。在投资方案的设计过程中提前布局未来的收益回流路径和方式，并在相关投资协议中明确下来。

（2）境外收益回流应该差异化施策，体现不同国家和项目的特点。随着跨国公司境外业务的快速发展，对境外法人的科学化、规范化管理愈加重要。相对于境内公司，境外项目的管理模式更加多样化和复杂化。各国的法律环境、税收制度、外汇管制等因素对境外项目的运作都会产生重要影响，境外法人的股利政策管理也面临很多新的问题。

境外法人的股利政策管理需要综合考虑境外项目资金收回方式的多样性。为保障跨国公司的境外投资收益，降低投资风险，对境外法人需要综合考虑各种方式尽快收回项目的投资收益。资金回收的形式灵活多样，除了股利支付以外，还包括减资、向股东贷款、贷款利息等，股利支付方式只是多种资金回收方式中的一种，管理层需要综合考虑税收制度、外汇管制和资金成本等因素，统筹规划境外项目的资金回收方式，最大限度地保障境外法人的投资者权益。

第 2 节　跨国公司股利政策的基本理论

一、文献综述

（一）国外研究现状

1. 国外对股利政策的研究现状

股利政策是公司财务管理的核心问题之一，国外对股利政策方面的研究起步比较早，研究成果比较完善。在股利政策影响因素的研究方面，国外学者形成了盈利能力因素、负债水平因素、代理成本理论、生命周期理论、股权结构因素等多种观点。

John Linter（1956）提出股利分配理论模型，通过实证研究发现公司的盈利水平是影响公司股利政策的关键因素，公司一般会保持稳定的股利政策，当公司的盈利水平大幅提高时，公司才倾向于增加股利分配。Allen 和 Michaely（2003）指出公司会以盈利能力为基础制定股利政策，倾向于稳定的股利政策。

Allen 和 Michaely（2003）对公司负债水平与股利政策进行了研究，发现公司的负债水平与股利分配率呈负相关关系，即公司的负债水平越高，股利分配水平越低。Kalay（1982）通过对大量随机样本进行研究，发现公司存在利用签订债务条款的方式来限制公司发放股利的现象，说明公司的股利政策会受到负债情况的制约。

当大量利润留存在公司，公司高管就拥有了大量可以支配的现金流，由于管理层与股东之间存在利益冲突，管理层很可能会出现盲目投资、私自挪用公司资金、过度在职消费等侵害股东利益的行为。为了避免股东利益受到损害，股东不得不采取措施对公司管理层进行监督，这就导致了代理成本的发生。有些国外学者认为代理成本是影响公司股利政策的重要因素。Jensen（1986）通过对自由现金流与股利行为的关系进行研究，认为分配股利可以使公司的现金更多地流向股东，从而减少管理层手中可以支配的现金流，这样就减小了管理层挪用公司资金等侵害股东利益的行为发生的可能性，也就降低了代理成本。因此，高股利政策有利于降低代理成本和缓解股东与管理层之间的代理冲突。

2. 国外对跨国公司境外投资项目股利政策的研究现状

目前，国外尚未有针对跨国公司境外投资项目股利政策的研究成果，而跨国公司财务管理的一些理论观点涉及跨国公司境外投资项目股利政策的内容，所以此部分整理归纳了一些与跨国公司境外投资项目股利政策相关的跨国公司财务管理理论。

一是对跨国公司财务管理的概念及内容的探讨。Eun 和Resnick（2018）在《国际财务管理》一书中介绍了跨国公司财务管理的基础概念，如跨国公司、国际货币体系、外汇市场与外汇交易等。他们还从外汇风险管理、国际融资管理、国际投资管理、国际现金管理以及国际税收管理和转移定价等方面详细分析了跨国公司财务管理的内容。其中，外汇风险管理、国际税收管理、转移定价等内容都与跨国公司境外投资项目的股利政策联系密切。

二是对跨国公司财务管理面临风险的探讨。Giddy（1977）认为跨国公司财务管理会面临一些风险。由于跨国经营要涉及一种以上货币，所以公司会面临汇率变动风险。另外，跨国经营容易受到资本和信贷管制，因此会面临转移风险，这些风险也是境外投资项目进行股利分配时会面临的风险。

三是对跨国公司外汇风险管理的探讨。2011 年，Eun 和Resnick 的著作《国际财务管理（第 6 版）》介绍了折算风险、交易风险和经营风险三种外汇风险，提出利用套期保值策略管理货币折算风险和交易风险，并探讨了集中和分散风险管理的利弊。Runtev（2017）研究了国际经济、金融经历动荡之后跨国公司国际财务管理所面临的挑战，介绍了国际经济环境的主要特点，研究分析了外汇市场的走势，提出了预测汇率变动、提前进行外汇风险防范的建议。境外投资项目的股利会受外汇风险影响，股利政策的制定需要考虑外汇风险管理。

四是对跨国公司国际税收管理的探讨。Herger、Kotsogiannis
和 Mccorriston（2016）探讨了税收工具在影响跨国公司境外直
接投资（FDI）方面的作用，特别关注了税收工具对"横向"和
"纵向"两种形式的 FDI 战略的影响。虽然企业所得税对境外直
接投资有负面影响，但税收弹性取决于外国直接投资战略、税
收的准确计量以及国际税收考虑（重复征税、预扣税）。Eun 和
Resnick（2011）提出了国际税收管理是跨国公司财务管理的重要
内容，通过国际税收筹划，可以减少境外投资项目汇回股利的缴
纳税额，使跨国公司实现整体税负最低。

（二）国内研究现状

1. 国内对股利政策的研究现状

在国外研究的基础上，国内也有许多学者对公司股利政策进
行了研究。

王曦临（2017）选取了 1998—2013 年我国上市公司进行实证
分析，从盈利水平、投资机会和公司规模这三个方面研究影响股
利政策的因素。首先，把公司分成当前时期分配股利的、当前时
期不分配股利的、曾经分配过股利的和从未分配过股利的这四类。
其次，统计各类公司的盈利水平、投资机会、公司规模这三个财
务指标及其股利分配情况，进行分析。接着，建立 Logistic 模型，
分析盈利水平、投资机会、公司规模这三个因素对股利分配的影

响。最后，得出结论：盈利水平、投资机会、公司规模对我国公司的股利政策有显著影响，并且盈利能力更强、投资机会更少、规模更大的公司更倾向于分配现金股利。

徐寿福和徐龙炳（2015）从代理理论的视角研究公司的股利政策，以 2004—2012 年我国沪、深股市 A 股上市公司为研究对象，采用实证分析的方法，研究两类代理成本（公司管理层和所有者间的第一类代理成本和控股股东与中小股东间的第二类代理成本）与公司股利政策的关系。发现股利政策可以降低两类代理成本，有利于保护中小股东利益，有利于提高公司价值。

马慧敏和叶静（2016）以 2011—2013 年我国创业板的上市公司为样本，采用实证分析方法，探究影响公司股利政策的关键因素，并对创业板公司提出了股利政策方面的建议。该研究选取了盈利能力、留存收益水平、偿债能力、公司规模、资产流动性、经营收现能力、股权集中度等因素与股利支付水平建立了模型，通过实证检验与分析，得出结论：盈利能力、偿债能力、留存收益水平和公司规模显著影响创业板公司的股利支付水平。其中，盈利能力、留存收益水平和公司规模与股利支付水平正相关，偿债能力与股利支付水平负相关，而经营收现能力、股权集中度和资产流动性对股利政策无影响。

丁佳俊和王积田（2015）从生命周期的视角研究公司股利政策的影响因素，以 4 921 家上市公司为样本，分为成长期、成熟期和衰退期样本，建立了半参数模型进行检验分析，发现在不同生命周期阶段公司的股利分配意愿和现金股利分配水平不同，其中成熟期公司股利分配意愿最强、股利分配水平最高，成长期公司次之，衰退期公司最低。

2. 国内对跨国公司境外投资项目股利政策的研究现状

同国外对股利政策的研究一样，国内的研究尚未涉及跨国公司境外投资项目的股利政策这部分，所以这部分选取了与境外投资项目股利政策有紧密联系的跨国公司财务管理理论。

在跨国公司财务管理的内容和模式方面，郭媛媛（2015）认为跨国公司财务管理包括国际融资管理、国际投资管理、国际营运资金管理、外汇风险管理、国际税收管理等内容。韩平（2010）认为跨国公司的财务管理模式可以分为分权式、集权式、统分结合式三种，三种模式各有利弊，跨国公司要根据自身发展阶段、战略定位等具体情况进行选择，从而实现全球范围母公司与子公司协调发展，实现集团公司整体利益最大化。

在跨国公司财务管理面临的风险方面，周礼晨（2016）分析了跨国公司财务管理面临的外汇风险、经营风险、对外直接投资的技术风险和管理风险，并提出了一些防范风险的措施以供跨国公司财务管理参考。

在跨国公司外汇风险管理方面，丁桂琴（2018）认为外汇风险是很多跨国公司进行财务管理时面临的重大问题，汇率的上下波动可能会导致跨国公司资产或负债的增加或减少，公司应识别外汇风险，预测汇率变动的走势，采取套期保值、推行人民币跨境交易等多种手段来应对汇率变动带来的风险。

在跨国公司国际税收管理方面，郭媛媛（2015）认为跨国公司应利用国际避税地、税收优惠等方式减少税收支付，降低公司税负，以使公司税后利润最大化。褚嘉璐（2017）认为国际税收筹划策略是跨国公司财务管理的主要内容之一，公司可以采用利用国际避税地、转让定价、回避税收管辖权、税收优惠、税收协定等方式进行国际税收管理，选择合适的税收筹划策略，使跨国公司整体税负最低，从而实现税收利润最大化。

跨国公司财务管理理论，尤其是关于跨国公司面临的风险、外汇风险管理、国际税收管理等内容，为跨国公司境外投资项目的股利政策研究提供了理论基础。

二、对外直接投资理论

对外直接投资理论主要研究和解释跨国公司的对外直接投资行为，分析对外直接投资的决定因素、跨国公司的投资动机、跨国公司的竞争优势、投资地点的选择、对外直接投资的效益等。学者们关于对外直接投资理论有各种观点，其中比较有代表性的是垄断优势理论和内部化理论。

（一）垄断优势理论

垄断优势理论是最早研究对外直接投资的独立理论，以不完全竞争的假设为前提，研究了跨国公司对外投资所具有的垄断优势。垄断优势可以分为：来自产品市场不完全的垄断优势、来自要素市场不完全的垄断优势、来自规模经济的垄断优势和来自政府干预的垄断优势。

其中，关于来自政府干预的垄断优势，研究者们认为，母国政府和境外投资项目所在国可以通过一些政策法规限制干预跨国公司的直接投资，比如外汇管制、税率、利率、关税、市场准入等规定。如果跨国公司可以获得税收优惠、贷款、补贴等政府政策支持，那么公司就可以获得垄断优势。

（二）内部化理论

内部化是指建立企业内部市场以代替外部市场。内部化理论认为，由于交易成本的上升，企业通过外部市场不能保证获利，因此企业要进行对外直接投资，建立起企业内部市场，确定企业内部的转移价格，从而降低交易成本。比如，公司产品的生产具有多阶段的特点，存在中间产品，如果中间产品的买卖在外部市场进行，在外部市场供需过程中会发生一些摩擦和波动，会增加交易成本，而如果公司有能力将市场内部化，就会减少供需过程中的摩擦，降低交易成本，给公司带来收益。

第 3 节　境外股利政策的特殊问题

一、跨国公司股利政策的特点

相比于一般公司，跨国公司在制定股利政策时会更多地考虑公司的整体战略，跨国公司的股利政策具有三个特点：一是以股东财富最大化为股利政策的目标。跨国公司制定股利政策时首要考虑的是保证股东财富最大化。二是股利政策的稳定性。跨国公司确定了股利政策后，就不轻易改变股利政策，分红一般保持稳定，即使公司利润增加，跨国公司一般也不会立即增发股利。三是股利支付水平较高。相比于其他公司，跨国公司的股利支付率较高，公司会将较大比例的利润用于分配股利。

跨国公司境外投资项目的股利政策具有特殊性。对于跨国公司境外投资项目而言，其股利政策实质上是境外子公司将利润汇回的一种策略和方式。境外投资项目进行股利分配，是跨国公司的财务管理活动的一部分，需要结合跨国公司财务管理方面的理论知识和实践。

首先，境外投资项目的股利政策，需要考虑所在国环境的复杂性。跨国公司在两个或两个以上的国家开展经营活动，不同的国家具有不同的政治、经济、法律、文化环境。跨国公司不仅要了解自身实际情况，还要认清国际形势，更要掌握每个公司所在国的政治、经济、文化、法律等环境情况。从政治环境看，各国的社会制度不同，政府政策不同。从经济环境来看，各国经济发展水平不同，使用货币不同，外汇政策、税法、会计制度等都会存在差别。从文化环境来看，各国文化习俗、文化背景不同，在管理境外员工时，需要尊重不同国家的文化差异，避免引发矛盾。

其次，境外投资项目的股利政策，需要考虑可能面临的各种风险，如外汇风险和国际税收风险。对于跨国公司，其进行商品进出口、国际筹资、国际投资的过程中都面临着外汇风险，汇率变动的不确定性是外汇风险产生的原因，汇率变动可能会给跨国公司带来收益，也可能带来损失。另外，不同国家税收政策不同，同一国家不同时期税收政策也会发生变化，再加上各国不同的税收优惠和限定条件，跨国公司资金调配流动的过程中面临着国际税收风险。

再次，境外投资项目在进行股利分配时，可以利用外汇风险管理措施降低可能面临的风险。进行外汇风险管理，跨国公司可以设立外汇管理机构或者派专人负责外汇管理工作，要对汇率进行预测，把握汇率变动的趋势，并衡量外汇风险的大小。根据不同的外汇风险，制定不同的风险规避措施。

最后，境外投资项目在进行股利分配时，可以利用国际税收筹划的方式来应对国际税收风险。跨国公司的境外投资项目将利润汇回境内母公司面临着税收征管，其利润要先在所在国缴纳企业所得税和预提税，纳税后的金额以股利的形式汇回境内母公司，还要向母公司所在国缴税，这就面临着双重征税，跨国公司承担着很高的税负。因此，跨国公司要进行国际税收管理，采取一些方式来减轻整体税负。跨国公司可以选择低税率或者税收优惠多的国家或地区进行投资，比如投资国际避税地；还可以利用国际税收协定网络，设立中间控股公司，避免双重征税，少交或免交预提税；跨国公司还可以通过内部转移定价的方式进行避税，将利润由高税率国家转移到低税率国家。

二、境外项目股利政策的决策分析

境内项目股利政策的核心是股利分配金额的高低，而境外项目的股利政策还要考虑若干特殊问题，具体包括以下内容。首先，判断境外项目是否为分红主体、是否有未分配利润、是否有融资协议的限制、是否控股、是否有再投资需求，进而决定是否分配股利。其次，考虑分配依据、汇率因素、股利预提税等因素决定分配金额的高低。

（一）商务架构的设计：股利分配主体和非股利分配主体

跨境并购中通常设立多层投资控股架构实现投资控股，目的主要是基于风险隔离、未来处置灵活性、税务筹划等。在控股架构中，股利分配主体是承担股利分配责任的境外法人。原则上，境外法人的股利分配应该按照股权架构逐级分配。股利分配路径经过若干中间持股公司，最终到达母公司。但是，并非所有的境外法人都需要承担股利分配的责任，具体还要取决于境外投资项目商务架构的设计。

在境外投资项目中，商务架构的设计是极其重要的一步，其不仅关乎交易本身的合法合规性、投资者风险隔离、目标公司运营过程中的税收筹划，还会对投资者后续的分红路径以及能否顺利退出产生重大影响。因此，商务架构就是境外投资项目的总路线图，投资方及其聘请的境内外中介机构团队，需要根据境内投资方的商业目的、目标项目的运营情况，并充分考虑境内外法律法规与政策、财税制度、目标项目投资后的运营管理及退出等因素后设计。

商务架构设计的核心是通过一系列投资协议的安排，为项目的各合作方具体的项目运作提供明确的行为规则。作为商务架构设计的重要环节，设立离岸公司是搭建交易架构必不可少的部分。之所以要设立离岸公司，是因为离岸公司在帮助境内投资者隔离风险、进行税收筹划、自由汇兑资金、便利投资者后续退出等方面发挥着重要作用。下面主要针对商务架构中与股利政策有关的部分进行分析。

从股利分配的角度，境外法人可以分为分红主体和非分红主体。

非分红主体的主要特征是：设立资金穿透管理的空壳公司。为了优化境外项目的资金管理，有些境外法人的资金管理实行的是穿透管理。实行穿透管理公司的典型特征：一是资金收入不通过公司账户，而是直接穿透至股东账户（或总部资金池）；二是公司的资金支出由总部资金池直接拨付。因此，这类公司仅仅为形式上的法人实体，实际并没有现金流入，因此公司也没有利润，自然不需要考虑股利决策。

以国际上石油行业的产品分成合同（PSA）为例。

国际石油合同主要包括传统租让制合同、现代矿税制合同、服务合同和产品分成合同。产品分成合同是目前最流行的合同模式之一。产品分成合同是指投资者逐年从油气产品中收回成本，并获得利润，以油气产品作为承担勘探风险的回报的一种合同模式。该合同的核心是：资源国将油气区块作为资产投入，投资者进行勘探开发并承担全部风险。如果发现油气田，在投资者回收全部勘探开发投资和生产费用后，与资源国按产品分成比例分割利润。

根据产品分成合同及国际惯例，联合作业公司代表股东执行石油合同，对合同区内的投资不拥有所有权。因此，联合作业公司本身只核算资金和往来账。联合作业公司的资金严格按照资金收支两条线管理。原油销售由各股东直接完成，联合作业公司无销售权、无收入，资金需求由各股东按合同以全年预算为基础拨付。

联合作业公司的原油销售直接由股东、政府按分成计划自行提油销售，销售收入直接回款到股东、政府账户，不在联合作业公司账面反映。因此，联合作业公司仅是法律形式上的法人，实质上属于非营利性组织。因此，股利问题应该从联合作业公司的股东层面来考虑。联合作业公司本身并不应该分配股利。

根据境外项目商务架构设计，对资金采用穿透管理的非分红主体并不需要承担股利支付的责任。

另一类特殊的股利分配主体是为税收筹划、资金运作等目的设置的，作为境外一级资金管理平台的境外一级法人。为提高资金运作效率，以股利、减资、贷款等形式回收的资金通常会归集于境外一级管理平台。境外一级管理平台通过对境外资金进行集中管理，统一调配境外项目资金，能够及时有效地满足境外项目的投资需求和营运资金需求，降低资金周转成本，提高资金使用效率。因此，境外一级管理平台的股利分配决策需要综合考虑各境外法人的总体资金需求情况。当境外项目处于扩张时期，境外一级管理平台应优先考虑境外项目扩张的资金需求，减少甚至暂时取消向境内投资主体分红，否则会增加集团公司的总体融资成本。因此，境外一级资金管理平台原则上不应该强制分红，需要综合考虑各境外法人的总体资金需求情况，由境外法人的境内管理主体下达分红考核指标。

（二）股利分配的依据

公司能够分配股利的前提是有正的留存收益。留存收益由前期累计留存于企业的净利润构成。由于各国会计准则的差异，界定境外法人的净利润有两种标准：一是按照当地法律规定的会计准则核算的净利润；二是按照中国会计准则和集团公司 / 股份公司的会计政策调整后的净利润。

从集团公司 / 股份公司编制合并财务报表的角度，需要将各个控股子公司的报表按照集团公司 / 股份公司的会计政策进行统一调整，反映集团公司总体的财务状况和经营成果。

从境外法人实际股利分配决策的角度，按照国际惯例，境外合资公司通常按照项目当地法律规定的会计准则编制财务报告，经董事会或股东大会批准后作为依据进行股利分配，而并非以某一控股股东的会计准则为标准进行项目的分红。

选择境外法人财务报告还是境外公司财务报告作为考核股利分配率的依据需要在操作成本与合理性之间进行权衡。可以考虑对两种准则下差异过大的境外法人按照境外会计准则的净利润作为股利分配的计算基础。

（三）融资协议的影响

当境外项目涉及第三方融资时，融资协议中常涉及对股东分红的一些限制性条款。融资协议中对现金流的限制性使用会使得境外项目分红受到影响。例如，某石油公司中亚项目的分红有以下限制性条款。

（1）根据债权人间契约的规定，中亚项目要提前还款，提前还款后的剩余现金流才能用于分红；

（2）第一次分红不得早于项目竣工的第二年；

（3）偿债准备金分账户、应计偿债分账户、资本支出准备金分账户的资金已达到本协定和决算协定规定的水平；

（4）第二期贷款的第一期还款已经完成；

（5）分红不会导致任何违约的发生。

上述限制性条款既包括对股利分配时间的严格规定，如第一次分红不得早于项目竣工的第二年，也包括对分红条件（如提前还款、特定账户的资金要求等）的详细规定。这些限制性条款广泛应用于境外项目的融资过程。设置这些限制性条款的目的是通过降低债权人的风险，降低融资成本，从而保障项目融资顺利完成。

　　融资协议对股利的限制使有些境外项目很难按照目前集团公司统一要求的股利支付率发放股利。因此，在股利政策的制定中，应该考虑投资协议、融资协议对股利支付行为的影响。

（四）再投资对境外投资项目股利分配的影响

　　部分境外投资项目在投产盈利以后，还存在再投资的情况。如果项目需要扩大生产规模进行再投资，就会对资金有额外要求，通常各方股东会同意把项目利润用于后续的投资，而不是将利润进行分红后再去借款或注资。

　　对于有再投资需求的项目，如果对境外投资项目不分配或少分配股利，将资金用于再投资，既有利于资金周转又有可能起到减税的作用。一些国家为鼓励境外投资者再投资而给予一些税收优惠，采取退税和减免税的措施，鼓励投资者将税后利润用于再投资。比如我国规定，在非禁止外商投资的项目和领域，对境外投资者从中国境内居民企业分得的利润，用于境内直接投资的，暂不征收预提所得税。如果资金流回母公司，母公司再对其进行投资，那么母公司获得的股利收入需要纳税，而且资金的境内外流动有诸多限制，所以这种运作并不恰当。

　　因此，境外投资项目的股利政策需要考虑再投资的资金需求，通过不分发或少分发股利的方式将留存收益用于扩大投资，有利于满足项目的资金需求，降低融资成本。

（五）外汇管制对股利分配的影响

外汇管制，指一国政府出于减少国际资本流动、改善国际收支、稳定本币汇率等目的，授权货币当局对外汇的交易、结算和使用等采取的限制性措施与管理规定。根据国际货币基金组织的划分，外汇管制主要通过对汇率、贸易和非贸易外汇、资本输出、输入和对银行账户存款、黄金、现钞输出、输入的管理，实现缓解国际收支不平衡，稳定本国货币汇率，防止资本外流及避免经济危机的冲击。外汇管制也存在负面影响，如会阻碍国际贸易，增加国际摩擦；影响汇率均衡，阻碍资本流动；影响资源有效配置；对引进外资产生负面影响等。

1. 我国外汇管理的相关规定

我国目前的外汇管理体制基本上属于部分外汇管制，表现为：对经常项目实行可兑换，对资本项目实行一定的管制；对金融机构的外汇业务实行监督管理。

目前，与境外法人的股利分红相关的外汇管理法规包括：根据国家外汇管理局发布的《境内机构境外直接投资外汇管理规定》（汇发〔2009〕30号）第九条（一）的规定，境内机构将其境外直接投资所得利润以及其所投资境外企业减资、转股、清算等所得资本项下外汇收入留存境外，用于设立、并购或参股未登记的境外企业的，应就上述直接投资活动办理境外直接投资外汇登记手续。第九条规定，境内机构应在如下情况发生之日起 60 天内，持境外直接投资外汇登记证、境外直接投资主管部门的核准或者备案文件及相关真实性证明材料到所在地外汇局办理境外直接投资外汇登记、变更或备案手续：……第十七条：境内机构将其所得的境外直接投资利润汇回境内的，可以保存在其经常项目外汇账户或办理结汇。第十八条：境内机构因所设境外企业减资、转股、清算等所得资本项下外汇收入，通过资产变现专用外汇账户办理入账，或经外汇局批准留存境外。

根据《国家外汇管理局关于进一步简化和改进直接投资外汇管理政策的通知》（汇发〔2015〕13 号）的规定，取消境外再投资外汇备案。境内投资主体设立或控制的境外企业在境外再投资设立或控制新的境外企业无需办理外汇备案手续。

根据《国家外汇管理局关于境内居民通过特殊目的公司境外投融资及返程投资外汇管理有关问题的通知》（汇发〔2014〕37 号）的规定，境内居民从特殊目的公司获得的利润、红利调回境内的，应按照经常项目外汇管理规定办理。

2. 其他国家对跨境资金流动的外汇管制措施

无论是倾向于进行严格外汇管制的发展中国家，还是外汇管制较宽松的发达国家，在跨境资金流动方面，各国均在不同程度上实施了管制措施。我国也实行外汇管制，特别是 2016 年中资企业大量境外并购引起国家外汇储备急剧减少，我国政府采取了严格的外汇流出管制措施，这对跨国公司的资金流动是一个很大的挑战。

新兴市场地区如中亚、拉美、中东和非洲地区，很多国家的外汇都比较紧缺，特别是经济结构单一、以资源和单一产业为支柱的国家，外汇资源严重供不应求，在外汇管理方面有严格的管制措施。这会使境外子公司由于所在国外汇管制问题，股利不能按时汇回国内。

以委内瑞拉为例，委内瑞拉的外汇管制政策非常严格，针对投资制定了专门的外汇管制条例，设立了专门负责外商投资登记和监管工作的外商投资注册局（SIEX），规定所有外商投资（包括增资）必须在获得商业登记部门批准后向 SIEX 申请外商投资登记。外商投资者向 SIEX 申请外商投资登记的手续复杂，不仅需要向 SIEX 提供授权委托书、公司西班牙语章程和登记申请书，还需要提供外汇入境回执。委内瑞拉外汇管理局和中央银行规定，只有在 SIEX 登记的企业才有资质申请兑换外汇并汇回利润，所有外汇兑换必须按照官方汇率进行。在委内瑞拉汇回利润的过程十分复杂、困难且耗费时间。

苏丹因外汇紧缺，国家支付能力受限，一方面实行对外开放，放宽外贸限制；另一方面由于经济困难，外汇紧缺，苏丹政府不断加强外汇管制，时紧时松，政策多变。2021 年苏丹发生政变，本币贬值加剧，外汇短缺问题更加严重。受外汇管制影响，苏丹对境外付款需要较长审批时间，有时银行无法提供外汇现金。

3. 外汇管制对股利分配的影响

外汇管制措施对境外法人股利政策的影响主要体现在两个方面。

一是我国外汇管制措施的影响。我国外汇管理制度对资金进出境有严格的审批手续要求，审批时间长，涉及部门多，流程复杂。如果境外法人的利润都要汇回国内，后续资金出境就存在一定障碍和困难，难以及时满足未来境外项目的资金需要。在保证集团公司/股份公司对资金控制权要求的前提下，有必要对境外资金进行统筹管理，提高资金的使用效率。

二是境外项目所在地的外汇管制措施在一定程度上会降低境外法人的实际分红能力，增加分红难度，延长分红时间。为此，对外汇管制严格的地区，分红政策上应适当放宽，以及时回流收益。

（六）汇率变动与股利分配

汇率的变动以及预期变化将对境外公司的股利政策产生重要影响。由于国际经济形势复杂、国际货币币值的波动风险加大、各国汇率政策的动态调整，汇率风险不可避免地成为境外法人各种决策中必须考虑的重要方面。汇率波动对境外法人股利政策的影响主要有以下两方面。

（1）汇率变动对境外公司成本、利润的影响。

汇率变动首先会影响境外投资项目的进出口成本和利润。对于以进口业务为主的境外投资项目，如果投资项目所在国与进口国之间的货币汇率下跌，那么投资项目的进口成本会相应增加，税后利润相应减少，境外项目公司可分配的股利也会减少。反之，如果投资项目所在国与进口国之间的汇率上升，那么投资项目的进口成本降低，税后利润会增加，境外项目公司可分配的股利也会增加。对于以出口为主的境外项目则与前述的作用方向相反。汇率通过影响公司利润进而影响股利政策，这种作用路径是汇率对股利政策的间接影响。

（2）汇率变动对母公司股利收入的影响。

当境外法人向母公司分配股利时，如果投资项目所在国货币发生贬值，所在国货币对母公司所在国货币汇率下跌，则折算成的股利收入会相应减少；反之，则折算成的股利收入增加。这种作用路径是汇率对股利政策的直接影响。

（七）汇率变动下的境外投资项目股利分配策略

在境外法人的股利决策中，要充分考虑汇率变动的直接影响和间接影响。境外投资项目的分红货币与母公司所在国货币之间的汇率的预测，是决定股利分配策略的一个重要因素。企业应及时跟踪外汇汇率变动趋势，预测外汇汇率变动的趋势、时间和幅度，这是规避汇率财务风险的前提。股利分配策略中对汇率风险的应对需要考虑以下几个方面。

（1）股利支付币种的选择。选择股利支付币种时需要考虑外币兑换人民币或投资主体的功能货币汇率的走势，另外，还需要考虑结算货币的自由可兑换性、项目所在国的外汇管制因素等方面。

（2）如果预测股利支付货币将要发生贬值，境外法人要增加股息分红或进行计划外分红，增加股息支付的频率。

（3）如果预测股利支付货币将要发生升值，原则上也不应该推迟股利分红，应采取正常分红的股利政策。

（4）对于无法准确预测分红货币汇率变动方向的情况，可以利用汇率风险管理工具如远期合约、掉期交易、货币期权等对汇率风险进行适当的套期保值。

（八）税收制度与股利分配

税收制度对境外法人股利分配政策的影响存在两种作用路径：一是直接影响，即通过各个国家的股息预提税直接影响股利的分配；二是间接影响，税收制度通过影响境外法人的股权架构，间接影响股利的分配。

股息预提税是对跨境股息所得征收的一种预提税。对于跨境股息所得，按照经济合作与发展组织（OECD）拟定的《关于对所得与财产避免双重课税的协定范本》、联合国拟定的《关于发达国家与发展中国家间避免双重课税的协定范本》的要求，来源地国享有按照源泉扣缴的方式优先征收投资所得预提税的权利，但需要按照税收协定所规定的限制税率征收预提税。在来源地国对跨境股息所得按照限制税率征税的基础上，居民国则享有在税收抵免约束条件下的征税权与税收利益。

国与国之间签订的双边税收协定会给予对方国家的居民税收优惠，包括对利润、股息、利息、特许权使用费等方面的预提税优惠。由于区域发展的需要和区域协定的安排，很多国家之间相互不征收预提税，这就增加了协定国投资者的投资收益。例如，欧盟成员国之间就没有预提税。

（九）境外收益回流的其他形式

境外法人的投资方获取投资收益的方式除了股利分红以外，通常还包括减资、贷款、关联方贷款利息。

1. 减资

减资是指境外法人以现金赎回股东资本的方式实现资金流回股东。该方式通常需要先将留存收益转增资本，再将转增的资本现金回购。相对于现金分红，减资的优点是可以避免支付股利所需的预提税。不足之处是不适合经常性使用，否则容易引起所在国的反避税调查。

2. 贷款

贷款是境外法人以贷款的方式向股东（或关联方）支付资金，从而实现资金从境外法人向股东的转移。

贷款的优点是可以规避所在国的股利预提税，快速实现股东的资金回笼。缺点在于股东需要向境外法人支付利息，境外法人需要承担相应利息收入的企业所得税。如果贷款时间较长，那么承担的企业所得税成本也会较高。

3. 关联方贷款利息

关联方贷款是股东以股东（或关联方）贷款的形式向境外法人提供资金，境外法人以还本付息的方式向股东（或关联方）支付现金。这种方式通常也称为"资本弱化"。在确定被投资企业的融资方式时，股东可以选择以增加注册资本的方式注资，也可以选择关联贷款的方式。选择关联方贷款的方式有两种好处：（1）利息作为一项支出可在被投资企业所得税前列支，而股息则不能列支；（2）有些国家的利息预提税率低于股息的预提税率。例如美国对股息征收预提税而对利息免税。

基于避税的考虑，许多国家都制定了资本弱化法规。这些法规最常见的方法是限制债资比例。比如，澳大利亚、荷兰、日本规定的债资比例为 3∶1，加拿大规定的债资比例为 2∶1。使用关联方贷款时，要考虑被投资企业所在地资本弱化法规的影响。

从实际现金流量的角度看，股利分红、减资、关联方贷款的利息收入以及贷款都是投资方收回投资收益的一种可选形式。因此，从股利政策的制定角度，应该将这些方式都视为资金回收的一种合理形式。

第4节　"一带一路"沿线国家境外项目
股利政策的案例分析

一、案例背景

（一）案例公司概况

Y公司是一家石油石化行业的大型企业集团，作为综合性国际能源公司已经实现了产炼运销储贸一体化，其主要业务有：国内外石油天然气勘探开发、油气销售、炼油化工、管道运输、国际贸易、工程技术服务、装备制造、工程建设、新能源开发、金融服务等。

自1993年Y公司开始实施"走出去"战略，进行国际化经营，坚持"互利共赢，合作发展"的理念，积极参与国际油气合作与开发，经过多年努力，公司境外业务规模不断扩大，境外运作实力不断增强，成为全球油气市场上越来越重要的角色，发挥着越来越重要的作用。

2017 年，Y 公司抓住"一带一路"倡议的契机，开展境外油气合作与开发，在巩固发展原有五大油气合作区的基础上，新签订了一批国际油气合作协议，国际油气业务处于稳步发展的态势；Y 公司不断优化境外投资，进一步提升国际化经营水平；在境外主要勘探区域发现了一批重要油气，多个重点建设项目陆续投产。截至目前，公司共在全球 38 个国家（地区）开展了油气投资业务。2017 年全年，Y 公司境外作业当量产量达到 16 274 万吨，权益当量产量达到 8 908 万吨，同比增长 17.2%。其中，原油作业产量 13 618 万吨，权益产量 6 880 万吨；天然气作业产量 333 亿立方米，权益产量 255 亿立方米。

截至 2017 年底，在"一带一路"沿线的 19 个国家，Y 公司共运作了 49 个油气合作项目，累计投资占公司境外总投资的 60% 以上，累计油气权益产量占境外总权益产量的 50% 左右。公司共有五大境外油气合作区，其中，有 3 个合作区都位于"一带一路"沿线重要区域，分别为中亚-俄罗斯、中东和亚太境外油气合作区。Y 公司建设了 4 条国际油气运输通道，架起了西北、东北和西南方向的油气桥梁，分别为中亚、中俄、中缅油气管道。Y 公司建立了三大国际油气运营中心，其中，亚洲油气运营中心已经成为在亚太地区发挥重大作用的资源供应商和交易商。

（二）Y 公司部分境外管理平台及境外投资项目所在国（或地区）状况

1. 哈萨克斯坦

（1）税收。哈萨克斯坦的企业所得税税率是 20%，股利、利息、特许权使用费的预提税税率均为 15%，但如果向避税地支付，预提税税率变为 20%。哈萨克斯坦已经与 41 个国家签订了税收协定。

哈萨克斯坦与中国的税收协定规定：股息、利息、特许权使用费的预提税税率均为 10%，分公司税后利润征收 5% 的分支机构税，无间接抵免，无税收饶让。

（2）外汇管理制度。哈萨克斯坦的外汇管理制度规定，在一定条件下，可自由兑换经常项目和资本项目，按规定经常项目交易应在 180 天内到期，但是如果超过 180 天，可以进行延期。对于资本项目，如果双方有协议且满足手续条件，资本可以自由进出。从 2007 年 7 月 1 日起，通报制度取代了外汇业务许可制度，哈萨克斯坦采取欧洲国家标准的外汇管制政策。个人和法人提供个人兑换水单、在境外接受馈赠或遗产证明、收入来源证明、外汇带入报关单这些证明后，就可以通过银行将其收入向境外汇出。企业若想实现利润的自由汇出，需要缴纳各项应交税费。

2. 秘鲁

（1）税收。2019 年起，秘鲁的企业所得税税率为 26%。秘鲁规定了其来源于境内外的收入需纳税，对境外已纳税额实行限额抵免。对非居民支付股利或分公司利润汇出，征收 6.8% 的预提税。

（2）外汇管理制度。秘鲁对外汇管理比较宽松自由，坚持以市场为手段调节外汇，政府干预少。当本国货币大幅贬值或升值时，央行会进行一定的干预。在秘鲁基本不限制外汇的进出，本币可以与美元自由兑换，货币流通很自由。另外，秘鲁规定利润汇出之前需要缴纳 0.005% 的银行交易税。

3. 荷兰

荷兰的税收制度规定，如果母公司对子公司的持股达到相应参股条件，那么母公司从子公司获得的股息红利可以享受免税待遇。其中，参股条件要求母公司持有子公司大于等于 5% 的股份，且子公司的自由投资组合占资产的比例不大于 50%。并购分立和出售公司股份获得的收入，在满足一定条件时也可以免税。

在荷兰，利息、特许权使用费的预提税税率为零，股利的预提税税率是 15%，不对分公司利润汇回征税。荷兰企业的全球所得已经缴纳国外税额的，荷兰规定来源于国外的所得不用再缴纳荷兰的企业所得税。

4. 新加坡

新加坡的税收制度规定，由境外汇入的股息和国外分公司利润若在国外已纳税不低于 15%，则可免于缴纳所得税，否则，汇入新加坡时需缴纳所得税，实行依协定抵免或依新加坡税法限额抵免。若为股息所得，可依协定实行一层间接抵免。

新加坡已经签订了 85 个税收协定，从新加坡向境外支付股息，一律免税。从协定国向新加坡支付股息免税的有爱尔兰、科威特等国家和地区；向新加坡支付股息涉及 5% 税率的有中国、阿尔巴尼亚、哈萨克斯坦、利比亚、德国等。中国与新加坡协定：持股 25% 以上，股息预提税税率为 5%，否则为 10%（因新加坡支付股息免税，实际适用于中国对新加坡支付股息），分公司利润汇出，不征收预提税。

二、公司境外投资项目股利政策现状

Y 公司境外投资项目股利政策的现状

1. 股利分配路径

目前，Y 公司的境外投资项目有不同的股利分配路径，股利分配路径的设计主要是为了达到避税的目的，从而使境外项目汇回的股利最大化。

（1）境外投资项目—境外管理平台（国际避税地）—母公司。

Y 公司在国际避税地荷兰、新加坡等地建立了境外管理平台公司，境外投资项目会将股利分发到境外管理平台（国际避税地）的公司，再汇回母公司或者留在境外管理平台。

（2）境外投资项目—中间控股公司—母公司。

Y 公司一些境外投资项目的股利分配路径要经过中间控股公司，再最终到达母公司。由于境外投资项目向母公司分配股利，要在项目所在国缴纳预提税，利用国际税收协定网络来设立中间控股公司，可使境外投资项目分配的股利少缴甚至不缴预提税，从而使母公司获得更多的股利收入。

2. 股利分配形式

受一些因素的影响，Y 公司的一些境外投资项目会改变股利分配的形式，采取其他形式同样可以达到将利润汇回母公司的目的。

3. 还贷款、还利息

当境外投资项目需要融资时，有时会向母公司借款。母公司向境外投资项目提供内部贷款，当境外投资项目有利润时向母公司还本付息。因为利息可以税前扣除，所以可以起到减轻境外投资项目税负的作用，同时，也达到了将股利分配给母公司的目的。

例如，Y 公司的北布扎奇项目的分红策略就是北布扎奇项目预留日常费用等资金后，公司账面有约 4 600 万美元可用于分红。为了加快回收，北布扎奇项目逐级向上级母公司 M 及母公司 V 分红 4 600 万美元，母公司 V 收到分红款后将以还贷方式向境外管理平台 K 支付完成资金归集。

4. 转资、减资分红

Y公司的一些境外投资项目的股利分配会受到限制,为达到股利分配的目的,会采取转资、减资的方式实现境外投资项目向母公司的分红。

荷兰C公司需要向上级母公司分红,分红款为3.02亿美元,其中Y公司的份额为1.51亿美元。C公司采取了如下分红方案:

首先,将C公司的实收资本由欧元转为美元,以便后期进行转资和减资操作(目前记账本位币为美元,但是实收资本为欧元)。

其次,转资,即通过相关决议将C公司的留存收益转增资本,转资额总计约3.02亿美元,Y公司的份额约为1.51亿美元。

最后,减资,即C公司通过赎回资本的相关决议向双方股东购买资本,实现分红款回流。

5. 股利分配受到限制

(1)外汇管制。Y公司一些境外投资项目所在国对跨境资金流动有诸多限制,比如规定子公司向境外汇出资金的限额,这种情况下,子公司向母公司的股利分配就受到了限制。境外投资项目应筹划其他方式将利润汇回母公司,如上文的还贷款、还利息的方式,或者子公司将利润用作再投资而不汇回母公司。

(2)合资公司章程。一些境外投资项目的合资公司章程会对分红时间做出规定,这种情况下,境外投资项目的股利分配时间要按照章程约定,可能会导致合资公司本身的分红时间较晚。

（3）融资协议限制性条款。Y 公司部分项目涉及第三方融资，根据融资协议，通常会对股东分红进行限制，如先还贷后分红或大部分用于还贷、小部分用于分红，不是总能用当年利润来分红。

三、Y 公司境外投资项目股利分配的影响因素分析

（一）税负对境外投资项目股利分配的影响

跨国公司相对于国内公司而言一个显著的区别就是跨国公司从境外子公司获得股息是需要缴纳预提税的，因此如何最大限度降低预提税的税负成为跨国公司必须重视的问题。对于 Y 公司来说，需要在境外项目进行分红时考虑如何避免或少被征收此类税款。

税负通常是决定境外投资项目股利分配时间、数量和方式的最重要的因素。因为税负将减少企业的最终收益，所以企业总是要采取各种避税策略。由于分红策略影响到跨国公司的税收，所以一些企业从减少税负的角度来考虑子公司的分红策略，并选择那些可以减少整个公司税负的股息支付方式。

1. 国际避税地子公司作为股利分配路径

为了减税，跨国公司会选择在国际避税地建立子公司，这样境外投资项目可以通过国际避税地子公司分发股利，从而达到避税的效果。

国际避税地具有政治环境稳定、税负低、便于开展业务、法律体系完善、税收优惠多等优势，同时有宽松的海关条例、工商登记管理办法等，有些地方还是旅游胜地。荷兰、新加坡、卢森堡、爱尔兰、百慕大、开曼群岛和我国香港等是目前国际上公认的避税地。

税前所得分配到避税地公司，由于避税地的低税率甚至是零税率，公司所得可以实现少纳税甚至是不纳税。许多国家规定，国外子公司的利润在作为股利汇回以前不在居住国征税，这种情况下，公司可以将税后利润多留在避税地公司进行投资和再投资，递延当期税收，享受税收递延的好处。

部分避税地的征税情况如表5-1所示。

表5-1　部分避税地的征税情况

国家或地区	对所得和财产完全不征税	仅对境内来源所得征税	境外所得税率低于境内所得税率
百慕大	√		
开曼群岛	√		
新加坡		√	
中国香港		√	
荷兰			√
爱尔兰			√
卢森堡			√

Y 公司在荷兰、新加坡、中国香港设立了避税地公司作为境外管理平台，对来自各境外投资项目的股利、利息等资金进行管理，可以根据母公司的安排，将从各境外投资项目汇来的股利、利息、特许权使用费用于各种经营活动或用于再投资，就可以达到少缴纳税款的目的。

（1）Y 公司在荷兰设立境外管理平台。Y 公司在荷兰注册了公司作为境外管理平台，一些境外投资项目可以将股利分配给荷兰公司。荷兰与中国、美国等近 50 个国家有税收协定，税收协定广泛，对许多国家不征收股息预提税。欧盟法令规定，欧盟内各国公司之间免征利息和特许权使用费预提税，荷兰是欧盟成员国之一，可以享受与各成员国间不缴纳利息、特许权使用费预提税的优惠。另外，居民公司享有税收优惠政策，只要满足一定条件，居民企业外资部分取得的股息和资本利得不用缴纳税率为 35% 的企业所得税，外资部分取得的股息和资本利得可以按照比重享受免征企业所得税的政策。

（2）Y 公司在新加坡设立境外管理平台。新加坡整体税负很低，税收协定网络广泛，还对符合条件的公司提供充分的税收优惠政策。另外，新加坡是一个信誉良好、规定严格的国际贸易枢纽，在新加坡注册成立的公司一般不会被其他国家的税务管理机构认为是为了达到避税的目的。新加坡是一个适合设立境外管理平台的避税地。

（3）Y公司选择香港作为境外管理平台。在香港设立境外管理平台有很多优势。作为避税地，香港对股息和资本利得征税，对来自境外的收入不征税，香港单一行使收入来源地管辖权，税制简单、税率低；资金流动方面，香港没有外汇管制，资金流动不受限制，可以随时兑换各种外币；香港距离内地近，建立具有商业实质的公司相对容易，相对容易满足税务局的商业实质要求。香港的劣势在于税收协定网络相对狭窄。

2. 设立中间控股公司作为股利分配路径

跨国公司可以设计境外投资项目公司股利分配的路径，通过利用国际税收协定网络设立中间控股公司，境外投资项目股利分配就可以经过设计好的控股架构路径，将股利最大化地汇回母公司。

（1）利用国际税收协定网络设立中间控股公司。许多国家都与别国签订了税收协定，税收协定规定了对股息、利息、特许权使用费预提税的优惠，签订双边税收协定的国家可以享受彼此的税收优惠。两国之间签订的税收协定的受益人本应只是两国的税收居民，第三国居民本不应从中受益，但是第三国居民可以通过设立中间控股公司间接享受两国间税收协定的好处。在两个协定国间，第三国居民选择其中一国设立子公司，并让子公司符合当地居民公司的条件，第三国居民可以实现对子公司的控制，这样第三国居民就可以通过子公司享受税收协定待遇而间接享受两国间税收协定的待遇。

（2）设立中间控股公司对境外投资项目股利分配的好处。

第一，设立中间控股公司，由于税收协定等税收优惠，境外投资项目股利分配过程可以少交预提税，可以获得更多的税后所得。

第二，设立中间控股公司，股利分配时间上会变得更加灵活。境外投资项目进行股利分配的时间以及境内母公司收取境外所得的时间会变得更加灵活，境外投资项目将股利分配到中间控股公司，不一定要立即将股利汇回境内，可以根据跨国公司的整体安排，之后境内母公司再从中间控股公司收回境外所得。

第三，设立中间控股公司，资金的使用变得更加灵活。将从境外投资项目取得的股利留在中间控股公司暂时不向境内汇回，如果符合一定条件，可以享受税收递延的好处。

（3）设立中间控股公司对 Y 公司境外投资项目股利的影响。Y 公司境外子公司哈萨克斯坦境外投资项目由 Y 公司 100% 控股，2017 年该项目公司税前利润为 25 000 万美元，项目公司的税后利润全部汇回母公司 Y 公司。股利在不同的控股架构下汇回 Y 公司，Y 公司承担的税负是不同的。哈萨克斯坦公司适用的所得税税率为 20%，预提税税率为 15%，与中国协定的预提税税率为 10%，中哈税收协定无间接抵免，无税收饶让。

1）未设立中间控股公司的控股架构如图 5-1 所示。

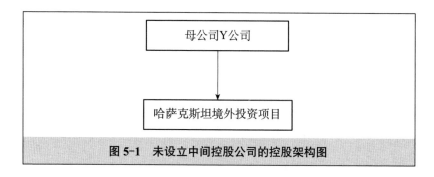

图 5-1　未设立中间控股公司的控股架构图

哈萨克斯坦汇回股利的纳税：

母公司应分税前利润 =25 000（万美元）

已在哈萨克斯坦缴纳所得税 =25 000 × 20%

=5 000（万美元）

母公司应分税后利润 =25 000-5 000=20 000（万美元）

已在哈萨克斯坦缴纳预提税 =20 000 × 10%

=2 000（万美元）

在哈萨克斯坦实际纳税总额 =5 000+2 000

=7 000（万美元）

因此，母公司 Y 公司收到哈萨克斯坦项目的股利 =25 000-7 000=18 000 万美元。

2）设立中间控股公司后的控股架构如图 5-2 所示。

如图 5-2 所示，在母公司 Y 公司和哈萨克斯坦投资项目公司间设立中间控股公司：中国香港公司和荷兰公司。控股架构为：母公司 Y 公司 100% 控股中国香港公司，中国香港公司 100% 控股荷兰公司，荷兰公司 100% 控股哈萨克斯坦投资项目公司。

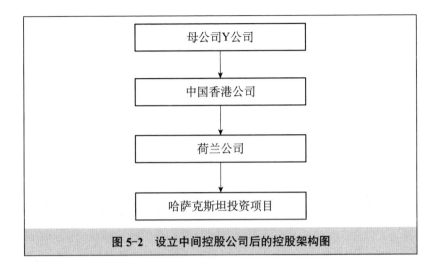

图 5-2　设立中间控股公司后的控股架构图

哈萨克斯坦与荷兰协定：持股达到规定比例的情况下，股息预提税为零。荷兰的参股免税规定，持股 5% 以上，荷兰母公司持股获得的股利和股权所得无须缴纳荷兰公司所得税。荷兰与中国香港协定：中国香港公司持股荷兰公司 10% 以上，荷兰公司向中国香港公司付股息无股息预提税。中国香港对境外所得不征税，对外付股息不征收预提税。

哈萨克斯坦汇回股利的纳税：

母公司应分税前利润 =25 000（万美元）

已在哈萨克斯坦缴纳所得税 =25 000×20%

=5 000（万美元）

母公司应分税后利润 =25 000−5 000=20 000（万美元）

股息预提税 =0

因此，母公司 Y 公司收到股利 =20 000 万美元。

3）比较。

由1）和2）可以看出，设立中间控股公司比不设立中间控股公司，中国母公司收到的哈萨克斯坦项目公司的股利收入要多20 000-18 000=2 000万美元。

如果没有设立中间控股公司，按规定中国与哈萨克斯坦之间有税率为10%的股息预提税，因此哈萨克斯坦政府对Y公司征收企业所得税5 000万美元（25 000×20%）和股息预提税2 000万美元（20 000×10%），最后母公司Y公司获得股利为18 000万美元。如果在母公司Y公司与哈萨克斯坦项目公司之间建立中国香港公司和荷兰公司，那么这种控股架构能将股息预提税由10%降到0。哈萨克斯坦项目公司向荷兰公司付股息免征预提税，荷兰公司对收到的股息不征收所得税，荷兰公司向中国香港公司付股息没有股息预提税，中国香港对境外所得不征税。这种情况下，该项目公司只在哈萨克斯坦缴纳所得税5 000万美元，荷兰公司收到股利20 000万美元（25 000-5 000），中国香港公司收到股利20 000万美元，最终母公司Y公司收到的股利为20 000万美元，比不设立荷兰公司、中国香港公司要多获得2 000万美元。

由此可见，相比于直接控股的形式，中间控股公司减轻了Y公司的整体税负，让Y公司获得了更多的来自境外投资项目的股利收入。因此，跨国公司可以重新安排控股架构，以设立中间控股公司的方式来设计境外投资项目股利分配的路径，从而达到减税的目的。

3. 采用归还母公司内部贷款和付息的方式进行股利分配

境外子公司分配股利的目的是将利润汇回境内母公司，为使母公司股利收入最大化，可以利用合理的资本结构进行税务筹划。跨国公司对国外子公司的初始投资可以不全为股权投资，母公司可以采用贷款的形式向子公司进行债权投资，这样之后境外公司有利润时可以向母公司还本付息，以实现境外项目利润的回流。

（1）内部贷款的好处。一方面，以贷款的方式向境外子公司提供资金，境外子公司能获得减轻税负的好处。因为子公司利息支出增加，利息支出可税前扣除，减少应纳所得税，从而可以少缴所得税，增加子公司分发给母公司的税后利润。

另一方面，境外子公司向母公司转移资金容易受到所在国的管制，而贷款必须还本付息是各国的常规，如果境外子公司向母公司借款，子公司就要向母公司还本付息，这可以作为把利润转移回母公司的一个可靠的途径。

（2）内部贷款对境外投资项目股利分配的影响。Y 公司投资哈萨克斯坦项目，项目所需资金为 3 亿美元，Y 公司对哈萨克斯坦项目公司的控股架构为：母公司 Y 公司全资控股中国香港公司，中国香港公司全资控股荷兰公司，哈萨克斯坦项目公司是荷兰公司的全资子公司。2017 年该项目公司的息税前利润为 25 000 万美元，要求哈萨克斯坦项目的税后利润全部汇回中国母公司。

哈萨克斯坦资本弱化的规定比例是 4：1，可税前扣除利息支出依据市场利率和税务规定利率孰低原则。按资本弱化 4：1 的规定比例，Y 公司对哈萨克斯坦公司进行 6 000 万美元的股权投资，即注册资本为 6 000 万美元，Y 公司贷款给哈萨克斯坦公司 24 000 万美元。哈萨克斯坦公司归还 Y 公司贷款需要支付给 Y 公司 10% 的利息，10% 的利率没有违反哈萨克斯坦的资本弱化规定。

不同融资方式下的税负如表 5-2 所示。

表 5-2　不同融资方式下的税负　　　　单位：万美元

不同融资方式	无内部贷款，股权融资 30 000 万美元	有内部贷款，股权融资 6 000 万美元，向母公司贷款 24 000 万美元
息税前利润	25 000	25 000
利息支出	0	2 400（24 000×10%）
税前利润	25 000	22 600
缴纳所得税（20%）	5 000	4 520
税后利润	20 000	18 080
股息预提税	0	0
中国母公司 Y 公司股利收入	20 000	18 080
利息预提税（10%）	0	240（2 400×10%）
Y 公司获得利息收入	0	2 160（2 400−240）
Y 公司获得收入总额	20 000	20 240
境外纳税总额	5 000	4 760
境外纳税占息税前利润比例	20%	19.04%

由表 5-2 可知，采用内部贷款的方式，Y 公司的税负有所降低：不进行内部贷款，全部股权融资的税负为 20%，在资本弱化规定下，进行部分贷款融资，税负为 19.04%，税负降低了大约 1%，Y 公司从哈萨克斯坦项目公司获得的收入多了 240 万美元。Y 公司从哈萨克斯坦项目公司获得的资金形式也发生了变化，由股利收入变为股利收入和利息收入。

在内部贷款的情形下，境外公司的股利政策发生了一定变化，由原来的以单一股利的形式将利润汇回 Y 公司，变为以还本付息加股利的形式将资金汇回 Y 公司，并且 Y 公司获得了来自子公司更多的资金。

（二）汇率变动对境外投资项目股利分配的影响

1. 汇率变动对境外投资项目股利的影响

（1）汇率变动会影响境外子公司分配股利的价值。母公司从子公司收到的股利收入（以子公司所在国的货币表示），即境外投资项目向母公司分配的股利，要按汇率折算为母公司所在国的货币。如果当时子公司所在国（东道国）的货币贬值，则货币折算将使母公司的股利收入减少，反之则增多。

Y 公司在 A 国有一个境外投资项目公司 A 公司，A 公司的所得税税率为 20%，预提税税率为 10%，中国公司的所得税税率为 25%。子公司的利润可以自由汇回中国母公司，每年实现的税后利润全部交母公司。

若 A 国货币发生贬值，汇率由 1A 元 =7 元人民币变为 1A 元 = 6 元人民币，有以下假设。

假设 A 公司的原材料等向中国进口的成本为 420 万元人民币。汇率变动对 A 公司成本、利润的影响如表 5-3 所示。

表 5-3 汇率变动对 A 公司成本、利润的影响

	货币贬值前	货币贬值后
A 公司进口成本（万元人民币）	420	420
A 元对人民币汇率	7	6
A 公司进口成本（万 A 元）	60	70
A 公司税前利润减少了（万 A 元）	70-60=10	
A 公司税后利润减少了（万 A 元）	10×（1-20%）=8	

由表 5-3 可知，对于有进口业务的境外 A 公司来说，当 A 国的货币发生贬值，A 国对中国的货币汇率下跌（由 7 降为 6），A 公司的进口成本增加了 10 万 A 元，随之 A 公司的税前利润减少了 10 万 A 元，税后利润减少了 8 万 A 元。

因此，对于有进口业务的境外投资项目来说，如果投资项目所在国与进口国之间的汇率下跌，那么投资项目的进口成本会增加，税后利润会减少，即境外投资项目公司可分配的股利也会减少。反之，如果投资项目所在国与进口国之间的汇率上升，那么投资项目的进口成本会减少，税后利润会增加，即境外投资项目公司可分配的股利也会增加。

（2）汇率变动对母公司股利收入的影响。假设 A 公司在货币汇率变动前后税后利润保持不变，A 公司的税后利润为 20 000 万 A 元。汇率变动对母公司股利收入的影响如表 5-4 所示。

表 5-4　汇率变动对母公司股利收入的影响

	货币贬值前	货币贬值后
子公司税后利润（万 A 元）	20 000	20 000
A 国预提税（10%）（万 A 元）	2 000	2 000
汇回母公司股利（万 A 元）	18 000	18 000
汇率	7	6
汇回母公司股利（万人民币）	126 000	108 000

由表 5-4 可知，对于境外投资项目 A 公司来说，所在国货币发生贬值，A 国货币对人民币汇率下跌，A 公司分配给母公司的股利折算成人民币的数额减少了 18 000 万元人民币，即 Y 公司获得的 A 公司的股利收入减少。

对于境外投资项目向母公司分配股利，如果项目所在国货币发生贬值，所在国货币对母公司所在国货币汇率下跌，项目公司向母公司分发股利，按汇率折算为母公司所在国的货币，则折算成的股利收入减少。反之，如果项目所在国货币发生升值，所在国货币对母公司所在国货币汇率上升，项目公司向母公司分发股利，按汇率折算为母公司所在国的货币，则折算成的股利收入增加。

2. 汇率变动下的境外投资项目股利分配策略

（1）由于境外投资项目公司向母公司分配股利，股利要被兑换成母国货币会面临折算风险，所以，如果境外投资项目公司在当地有许多增长机会，Y公司应倾向于将大部分或部分利润再投资于项目所在国，减少股利分配。

（2）采取汇率变动风险管理措施。预测外汇汇率变动情况，预测外汇汇率变动的趋势、时间和幅度。境外投资项目所在国货币与母公司所在国货币之间的汇率的预测是决定股利分配策略的一个重要因素。

如果预测项目公司当地货币未来将要贬值，那么可以通过增加项目公司的股息分红或进行计划外分红的方式，将股息尽早转为母国货币，减少项目公司的当地货币的贬值损失。反之，如果预测项目公司当地货币将要发生升值，可以采取暂不分红或推迟宣布分红的股利政策，以获取当地货币升值的潜在收益。

境外投资项目公司应该注意的是，异常的股利政策可能会引起所在国政府的关注。例如提前公布股利、进行计划外的分红，所在国政府可能会怀疑这种股息公布方式不是正常的经营行为，而是一种投机的方式，这种股利分配可能无法得到所在国政府的批准，股利可能很难汇出境外分发给母公司。

（三）外汇管制政策对境外投资项目股利分配的影响

1. 外汇管制的概念

外汇管制是指一国政府为实现国际收支平衡和本国货币汇率稳定而对外汇进出实行的限制性措施。政府会对居民经常项目下的外汇买卖和国际结算实行限制，还会对外汇的流入和流出活动进行限制。外汇收付、买卖、转移和使用以及国际借贷等都是外汇管制的内容，除此之外，外汇管制还会对该国货币汇率的决定、该国货币的可兑换性以及本币和黄金、白银的跨国界流动进行管制。外汇管制有多种方式，有对出口外汇收入的管制、对进口外汇的管制、对非贸易外汇的管制、对资本输入的管制、对资本输出的管制、对黄金现钞输出、输入的管制以及复汇率制。

2. 对跨境资金流动进行外汇管制的原因

近年来，跨境资金流动越来越频繁，国际上各国出于各种需求，对跨境资金流动实施管制措施，监管跨境资金的流动是外汇管制的重要部分，有利于防范跨境资金流动风险，有利于保持国际收支平衡。对跨境资金流动实施外汇管制的原因有以下几点。

首先，出于防范金融危机冲击的需要。发生过的几次金融危机，都出现了大量国际资本外逃的现象，给相关国家的外汇储备造成了很大的损失。因此，采取必要的外汇管制对维护国家资金的稳定很重要。

其次，出于促进经济发展的需要。一方面，对从本国流出的资金进行管制，防止资本外逃；另一方面，鼓励国外资本流入。通过这两方面可以缩小国际收支差距，达到保持国际收支平衡的目的。

最后，出于国家安全和反洗钱的需要。随着经济全球化的发展，出现了各种隐蔽的洗钱手段，越来越多的全球性的洗钱活动正在发生，这些是对国家安全的威胁，影响了国际金融体系安全，不利于国际政治经济秩序的稳定。

3. 外汇管制政策对 Y 公司境外投资项目的股利政策的影响

为方便境外投资项目的资金运作，跨国公司会设立境外投资平台，通过这些平台来投资运作境外项目。境外投资平台汇集境外项目公司的股息、利息等资金，然后境外投资平台向境内投资平台分发股利，从而将利润汇回集团总部。

（1）境外投资项目所在国的外汇管制。一些境外项目所在国由于外汇收支不平衡、外汇储备很少等原因采取外汇管制，不允许在该国的子公司向其母公司上缴股利，或对利润汇出有数额和时间限制。例如，规定外国子公司在前三年不能把利润汇回母公司，或汇出利润不能超过原始投资的一定百分比（比如10%或20%等）；规定固定资产折旧不能汇回母公司，只能在当地再投资。

（2）中国的外汇管制。中国对资金的进出境有严格的审批手续要求，Y 公司可能就不要求境外投资平台向集团公司再进行分红，而是要求将资金留在境外投资平台，避免后续资金出境困难。总之，进行股利分配，要考虑后续资金需求等因素再进行，境外投资平台汇集境外投资项目的股利后，不对母公司进行分红或者只将其中一部分进行分红。

（四）合资方需求对境外投资项目股利分配的影响

1. 合资方的需求

一些境外投资项目不是 Y 公司的独资子公司，而是与项目所在国当地公司的合资公司。非控股的合资公司进行股利分配需要公司双方股东签署分红决议，如果合资方不配合、不签署，那么境外合资公司就无法进行分红。因此，境外投资项目的股利政策会受到合资方的影响，为了满足合资方的需求，有时也需要改变股利分配的方式。

（1）背景。Y 公司的荷兰中间层公司 C 公司（Y 公司与哈萨克斯坦国家石油天然气公司（简称"哈国油"）各控股 50% 的合资公司）收到下属曼格斯套项目的分红款 3.02 亿美元，中方份额为 1.51 亿美元。按照惯例，C 公司的资金会继续以分红的形式分配至双方股东，即 Y 公司和哈国油。但是，由于哈萨克斯坦新税法做了调整，C 公司如果继续分红，哈国油方 50% 的分红款会被征缴大额的预提税，所以哈方股东不同意进一步分红。

由于 C 公司为中方股权占 50% 的非控股合资公司，如哈国油方不配合、不签署分红决议，中方也无法单独完成分红。

（2）资金回收方案：转资、减资。参考合资方哈国油的意见，本着互利共赢、协商一致、尽快推进的原则，C公司提出了如下分红方案。

1）将C公司的实收资本由欧元转为美元，以便后期进行转资和减资操作（目前记账本位币为美元，但是实收资本为欧元出资）；

2）转资，即通过相关决议将C公司的留存收益转增资本，转资额总计约3.02亿美元，中方份额约为1.51亿美元；

3）减资，即C公司通过赎回资本的相关决议向双方股东购买资本，实现分红款回流。

由此可见，C公司以留存收益增资和减资方式实现资金回收的方案可以满足哈国油方避税的需求，能够实现分红资金快速收回，并且对我方无不利财税影响及法律风险，所以可以采用此种方法代替股利分配，其实C公司增资和减资的实质是分红。

2. 再投资对境外投资项目股利分配的影响

再投资需求是影响境外项目股利政策的重要因素之一。如果项目后续需要加大投资规模，那么就需要考虑减少股利支付以留存更多的资金。当然，也可以由项目公司向母公司进行融资以满足投资需求。例如，发放股息后，由项目公司重新向母公司借款以补充资金，但是这种方法需要承担股利的税收负担。

另外，境外投资项目公司可以向所在国的金融市场借款，但是这种做法有时会造成所在国政府的误解，所在国政府会认为境外投资项目公司在当地金融市场筹资的目的只是向母公司支付股利，从而许多国家会对此进行限制。

所以，当境外投资项目需要资金进行再投资时，要对境外投资项目的股利政策进行考虑，决定是否要通过不分发或少分发股利的方式将留存收益用于扩大投资以满足项目的资金需求。

本案例的研究重点是跨国公司境外投资项目股利政策的影响因素，通过对 Y 公司案例的深入调查研究，归纳整理出 Y 公司境外投资项目的股利政策现状，从案例分析中，本书认为税收政策、汇率变动、外汇管制政策、融资协议限制性条款、合资方需求等是境外投资项目股利政策的主要影响因素。

第6章
主要结论与启示

第1节　主要结论

在"一带一路"倡议背景下，企业跨境资本运营面临诸多机遇与挑战，本书围绕境外上市、跨境并购与境外收益回流三个专题展开研究，为我国企业的跨境资本运营提供可借鉴的经验。

（1）在"一带一路"倡议背景下，我国企业境外上市应探索、新的方向，积极寻求上市地点多样化。

境外上市不仅可以引入国际资金，更重要的是可以提升企业的国际化管理水平，进入国际资本市场，提高投融资能力。企业应该充分利用境外上市融资的优势，吸收国际资本服务于公司发展，创造更多的与资本市场对接的机会，实现股权层面的跨境资本运营。在不放弃控制权的前提下，股权结构国际化为企业带来资金的同时，也会带来多元化的管理理念和管理经验。

在境外上市地点的选择上，内地企业主要集中于香港和美国。境外上市可选择的地点比较多，除了香港，还有美国、新加坡、加拿大、日本、英国等经济发达地区，其中香港是我国内地企业境外上市的首要选择。近年来，我国企业境外上市面临着新的困难和挑战。中美在证券监管理念上的冲突与矛盾凸显，未来赴美上市之路会变得更加艰难。因此，对我国寻求境外上市的企业而言，需要扩大思路，积极需求多样化的上市地点和途径。

在"一带一路"倡议背景下，我国企业境外上市应探索新的方向，积极寻求上市地点多样化，以分散国际资本市场的国家风险。不同地区的证券市场环境存在巨大差异，企业需要结合自身的需要、业务结构和融资需要综合考虑上市地点。香港证券市场、新加坡证券市场以及欧洲证券市场都是未来境外上市的主要方向。从目前企业实践来看，香港仍是内地企业境外上市的首选。除此之外，企业为了拓展业务也可以选择项目所在地的资本市场进行上市融资，但应注意遵守当地的上市规则和公司治理要求。当然，上市仅仅是企业发展的可选途径之一，打造企业的持续盈利能力和发展能力才是企业跨境资本运营最核心的理念。

（2）在跨境并购方面，理性分析跨境并购带来的机遇与挑战，将并购服务于公司长期发展。

"一带一路"倡议带动了我国企业进行跨境并购的热情，带动了包括国企和民企在内的大量我国企业开始进行境外业务布局。在对外投资贸易中，并购交易日趋频繁，为培养大型的跨国公司提供了必要条件。我国企业在"一带一路"沿线地区的并购主要呈现以下特点：一是从并购的区域分布情况来看，"一带一路"沿线跨境并购以东南亚、南亚等周边区域重点国家为主，中亚和俄罗斯等地区发展迅速；二是从并购涉及行业来看，"一带一路"沿线跨境并购呈现多元化发展趋势；三是从未来的发展趋势来看，"一带一路"沿线并购交易将成为推动地区经济发展的重要动力。

目前，我国企业跨境并购还存在一些问题，包括缺乏有效的战略目标、对并购风险认识不足、融资渠道狭窄、并购整合能力有待加强等。需要建立系统的并购风险管控机制。在并购风险管控中，明确并购目标与公司战略的关系是前提，设计合理的融资方案和优化并购交易架构是保障，重视并购后的财务整合是关键。

在企业跨境并购交易中，除了要处理好企业并购决策涉及的一般问题，如并购动机、交易各方的合法性、标的资产的独立性、公司治理的有效性、重组公司的成长性、交易定价的公允性等，还应该着重考虑政治与政府审批风险、跨境并购中的交易架构问题、跨境并购中的融资问题、并购基金的利用、跨境并购后的整合等特殊问题。

为有效应对跨境并购风险，主并方需要事先筹划并购前和并购后的整合方案，做好方案设计、时间管理，并在交易文件中进行风险分配，尽可能提高交易双方各自的确定性。跨境并购中通常设立多层投资控股架构，主要是基于风险隔离、未来处置灵活性、税务筹划等考虑。对于并购中的融资问题，需要对公司的现金流进行准确预计和分析，重要原则之一是：公司在境外投资的同时也要确保自身原有业务的现金需求。因此，并购时不仅要考虑并购交易价款部分的融资需求，还需要考虑并购后的整合所需要的资金，以及并购后对目标公司原债权人的资金偿付需求。并购融资应充分利用并购基金的支持，并购基金利用自身的融资优势、专业优势、整合优势极大地推动了跨境并购的发展。

（3）对于并购后的整合问题，需要明确并购后整合的目标、基本原则以及基本要素。

跨境并购的后期整合应该以核心竞争能力提升和国际竞争优势强化为目标，结合企业的内外部环境因素，合理进行资源的重新配置。有效、合理地进行财务整合是确保并购方实现并购战略和并购效益的关键。有效的整合不是并购双方业务量级上的简单叠加，而是文化、业务管理、财务管理、人力资源等方面的深度融合和一致认同以形成合力，整合还涉及宏观层次的政治、法律、商务环境等非经济因素。

理论上，并购整合的起点应该是主并方发现并购机会的时点。在并购前期决策过程中，经过对目标公司的前期调查，并购方应就并购后可能存在的价值增值空间进行充分的预计和安排。并购整合的目标是提高公司的核心竞争能力并提升公司价值，明确的整合计划是整合成功的关键。实施强有力的项目治理和风险管理并实现协同效应是整合过程中最重要的成功驱动因素之一。

在整合的管控架构上应着眼于全局，构建境外业务投前、投中、投后全流程的财务管控架构。投前阶段是境外并购交易或绿地投资项目的筹划阶段，投前阶段以投资决策为核心，总体上把关投资计划的财务可行性，审核项目的财务尽职调查内容、交易架构的设计以及融资方案设计和税务安排、项目估值的合理性等关键问题。投中阶段以按计划完成并购交易过程或投资过程为核心，包括并购项目的谈判与方案优化、融资方案实施、绿地投资项目建设等主要工作。投后阶段是境外项目并购后的整合及运营阶段。完整的全业务链条境外项目财务管控还包括投资退出阶段，投资退出是一种收缩战略，良好的投资退出行为不仅是实现境外投资价值回收的关键，也是企业集团实现全球资源优化配置的重要手段。

（4）影响跨国公司境外项目收益回流的因素主要有：税收、汇率变动、外汇管制政策、融资协议限制性条款、再投资等。

税收是影响境外投资项目股利政策非常重要的因素。境外投资项目的股利分配其实就是以股利的形式将利润汇回母公司，而海外公司在汇回股利的过程中要缴纳税款，不同的股利分配路径、不同的股利分配形式所承担的税负是不同的。为了减少股利分配所缴纳的税款，为了让境外投资项目汇回股利金额最大化，采取何种股利分配路径、采用何种股利分配形式极为重要。

汇率变动是境外投资项目股利分配的影响因素。预测境外投资项目所在国汇率变动情况，境外投资项目公司可以据此提前采取股利分配的措施来应对，以达到降低汇率变动损失的目的。预测项目所在国货币汇率上升，项目公司可以采取不分发股利或推迟分发股利的股利政策；预测项目所在国货币汇率下降，项目公司可以采取增加分红或进行计划外分红的股利政策，以减少当地货币贬值的资产损失。当境外投资项目公司以不同的股利政策来应对汇率变动风险时，还需注意异常的股利分配政策可能会引起当地政府的管制。

外汇管制政策、融资协议分红限制性条款等因素都可能导致境外投资项目无法进行分红，这种情况下，只能把利润留在项目所在国进行再投资。因此，跨国公司进行境外投资或成立海外子公司时，要考虑所在国外汇管制政策对分红等利润汇回的规定。

第2节　启示与建议

一、研究启示

"一带一路"倡议体现了我国改革开放的基本方针，在复杂多变的国际环境下，我国企业在"走出去"的过程中，面临的风险和机遇并存，对境外资本运营应该保持专业和谨慎的态度进行全面客观的分析和决策。

首先，在推动企业境外投资时，应该鼓励企业进行境外股权融资。境外上市企业不仅可以作为企业"走出去"的融资平台，同时也可以作为吸引境外资金投资的桥梁。目前"沪港通"和"沪伦通"等在一定程度上打开了国内投资者和企业"走出去"的大门。未来需要进一步开放资本市场的大门，尤其是对"一带一路"沿线国家和地区开放资本市场，允许国内的企业在境外上市，同时也欢迎其他国家和地区的企业来我国上市，从而打开资本市场的融资通道。

加强"中欧通"机制下交叉上市的发行监管合作，并借鉴其经验在"一带一路"沿线国家推广证券交易所层面的交流和合作。跨交易所上市和融资有利于提高企业国际化资本运作水平,有助于推动在东道国当地投资建设新项目,并在沟通和协作过程中提升我国对资本市场的管理能力。

其次,在双循环的背景下,应该为我国企业的跨境并购交易营造更为宽松的政策环境,尤其是对共建"一带一路"沿线国家应该给予政策上的放宽,鼓励企业"走出去"参与"一带一路"建设,同时,对其他国家的跨境交易严格控制投资风险,实行分类管理政策。对于政治风险较高的国家建立预警制度,降低跨境并购的政治风险。

再次,对于进行跨境并购的企业,应该加大对财务风险预警的制度建设,鼓励跨境并购企业参与相关的并购业务交流和经验共享,增加对跨境并购风险的理论储备。推动建立我国跨境并购企业风险案例库,系统提炼跨境并购的经验和教训,为今后企业的跨境并购提供理论和经验支持。

在强调"走出去"的同时,必须重视境外投资收益的保护机制。在投资境外项目之前,就应该将境外项目投资收益的收回方式进行有效的设计,灵活选择股利分配的方式。税收是影响境外投资项目股利政策的重要因素。为了减少股利分配需缴纳的税款,需要灵活设计和选择股利分配的路径和股利分配的形式。此外,合资方的意愿、外汇管制政策以及项目本身未来投资的需求都需要在制定股利政策时综合考虑。企业应当将股利政策明确放入公司的投资协议中，以确保未来的投资收益顺利实现。

二、主要建议

从公司跨境资本运营的角度，本书提出以下建议。

（1）从公司治理的层面，跨境资本运营要求企业建立规范的治理结构。

规范的治理结构包含股权结构的安排、治理机构的设置、投资利益保护机制的建立等方面。境外上市、跨境并购等资本运营形式均涉及公司治理结构层面的决策。一方面，并购主体的股权性质会影响公司跨境并购的审核风险，尤其涉及敏感行业的并购交易，民营企业的审核风险要低于国有企业。另一方面，在跨境并购中，往往会引入新的境外股东，进行影响公司决策权的配置。在并购前，通过投票权的设置、董事会的安排、公司章程的设置等方式可以有效防止公司控制权的转移。

规范的治理结构是国际化运营的基本保证，境外上市、跨境并购、境外收益回流等资本运营形式均以规范的治理结构为基础。建立符合国际规范的治理结构，通过股东会、公司章程、董事会等治理方式，合理运用内外部治理机制，保护投资者的合法权益，是跨境资本运营能够长期持续创造价值的前提。

（2）从境外融资业务的层面，公司应该在跨境交易中遵守和充分利用国际规则，服务于公司的发展战略。

在境外上市过程中，应充分了解当地的上市规则和法律制度，同时要注重自身业务的规范和商业模式的打造。不同的上市地点对应的投资者投资风格的偏好会有所不同，公司应结合自身的业务特点和发展空间选择适当的上市地点。境外上市需要承担较高的融资成本，同时也能给公司带来更多的国际市场机会。公司应综合权衡其带来的收益和各项成本，理性作出境外上市决策。

目前，境外上市的外部环境发生了巨大的变化，美国股票市场对中概股从之前的支持转变为抵触，从未来的国际资本市场来看，新加坡以及部分欧洲国家的资本市场是我国公司可以着重考虑的方向。

另外，互联网公司的境外上市还涉及用户数据的安全性和保密性要求。2022 年 1 月公布的《网络安全审查办法》将网络平台运营者开展数据处理活动影响或可能影响国家安全等情形纳入网络安全审查范围，明确要求"掌握超过 100 万用户个人信息的网络平台运营者赴国外上市，必须向网络安全审查办公室申报网络安全审查"。根据《网络安全审查办法》，重点评估公司上市可能带来的核心数据、重要数据或者大量个人信息被窃取、泄露、毁损以及非法利用、非法出境的风险，关键信息基础设施、核心数据、重要数据或者大量个人信息被外国政府影响、控制、恶意利用的风险，以及网络信息安全风险等。这意味着掌握核心数据的互联网公司在境外上市将面临更严格的网络安全审查，公司需要建立严格的信息安全保障制度，以防止核心数据泄露或被非法利用。

（3）从跨境并购业务的层面，公司应以长远发展的视角选择并购标的和并购时机，实现公司的长足发展。

在公司开展跨境并购的过程中，合理搭建控股架构能有效增加投资收益和规避经营风险，控股架构的搭建需要综合考虑境外商业目的、融资、税务和监管等因素。在并购融资方面，并购方应积极争取国内金融机构及其境外分支机构的融资支持，多渠道开发融资市场，充分利用各地金融机构的融资优势及优惠政策，避免单一融资方式带来的较大的资金筹集风险和偿付压力。注重跨境并购交易后的整合，包括企业文化、经营理念、财务管理、技术和品牌优势、营销渠道等方面，整合的成败往往关乎整个并购的成效，财务整合是整合的重中之重。

1）明确并购目标。很多跨境并购项目受获取信息范围限制，难以对标的公司的业务和管理进行全面的调查，不同的经营理念也会使对业务经营的价值判断产生差异，很多并购公司尤其是上市公司可能出于市值管理需要，没有对并购双方的资产、管理等进行合理的、必要的评价，也不深究业务上协同的可行性，想当然地去评判标的公司的价值，收购完成后才发现之前的前提假设根本就不合理，或者并购双方无法按照预期进行文化、管理方面的融合，这些都可能导致并购失败。

跨境并购是公司重要的战略决策，不同于短期的经营决策，跨境并购会对公司经营产生深远影响，需要公司以长远发展的视角去选择并购标的和并购时机，以期通过这种外延式的发展方式提升企业的核心竞争力，实现公司的长远发展。

2）优化并购交易架构。在公司开展跨境并购的过程中，合理搭建控股架构能有效增加投资收益和规避经营风险，控股架构的搭建需要综合考虑海外商业目的、融资、税务和监管等因素。目前我国对跨境投资的前置审批环节的要求非常严格，涉及多个审核监管部门，甚至在某些环节存在交叉审批的问题，影响了并购的进度。控股架构设计得当有助于在交易环节、未来利润汇回环节和投资退出环节达到节约税务成本的目的，通过对资本利得税的筹划，以及优化融资和资金回流安排可以创造可观的节税收益。

在设计交易结构的过程中，需要重点关注几个问题：首先，要熟悉国际税收法规的要求，善于借助各国的税收优惠以及国家间的双边税收协定优惠，减轻未来利得返回中国公司时的税负，提高投资的综合净收益；其次，要密切关注国际反避税的新规定，及时调整控股结构，避免被税务调整和追缴滞纳金。

3）设计合理的融资方案。近年来，我国跨境并购的交易规模、交易数量和涉及金额均呈飞速增长态势，单一的融资渠道无法适应我国并购规模不断增长的现状。我国的金融市场还需要不断完善，跨境并购公司现有的融资渠道不多，主要以债务融资里的银行贷款为主，急需采取措施拓宽公司的融资渠道，增加融资方式，降低融资风险。也可以在并购方控制权有保障的情况下引入私募股权基金共同发起跨境并购，利用私募股权基金的规模优势、卓越的经营管理能力、非公开的发行方式以及相对快的资金筹集速度，保障并购交割的顺利进行，降低筹资风险。

4）重视并购后的财务整合。跨境并购的实质是并购双方的整合，包括公司文化、经营理念、财务管理、技术和品牌优势、营销渠道等方方面面，整合的成败往往关乎整个并购案的成效，财务整合是整合的重中之重，直接影响到公司的经营状况和业绩。基于交易双方既存的差异性，并购后初期应确保经营稳定，加强并购双方的沟通、交流和协调，要充分研究和管理利益相关者的诉求，调动其积极性，还需要建立完善的财务信息监控机制，加强财务风险预警机制的建设，重视并购后公司的组织结构整合和财务经营战略的整合，从制度和系统层面降低出现财务风险的可能性。

（4）境外法人的股利政策管理需要综合考虑境外项目资金收回方式的多样性。为保障跨国公司的境外投资收益，降低投资风险，对境外法人需要综合考虑各种方式尽快收回项目的投资收益。资金回收的形式灵活多样，除了股利分红以外，还包括减资、向股东贷款、贷款利息等。税收因素是影响境外项目股利政策的主要因素之一。跨国公司可以选择低税率或者税收优惠多的国家或地区进行投资，比如投资国际避税地；还可以利用国际税收协定网络，设立中间控股公司，避免双重征税，少交或免交预提税。灵活运用国际规则可以保障投资者的合法利益。

在未来相当长的一段时间，面对复杂的国家政治关系和经济环境，跨境资本运营面临的挑战将更加艰巨。我国公司应该将资本运营与公司的长期发展战略紧密结合，全面筹划，客观分析所面临的内外部环境因素，发挥资本运营的优势，使跨境资本运营成为我国公司国际化成长的重要路径之一。

［1］巴曙松，方云龙，柴宏蕊.资本市场双向开放下的中概股回归：动因、影响与应对.清华金融评论，2021（9）：27-29.

［2］曾珠."沪港通"、"深港通"与中国资本市场国际化.技术经济与管理研究，2015（10）：63-66.

［3］陈梦凌.基于市场分割的 AH 股价格影响因素研究.合肥：合肥工业大学，2017.

［4］陈望.SN 集团跨国经营税务筹划研究.长沙：长沙理工大学，2015.

［5］陈昀，贺远琼.双重上市对公司治理与公司绩效的影响研究：基于中国双重上市公司的证据.湖北经济学院学报，2009（7）：80-84.

［6］陈运森，黄健峤.股票市场开放与企业投资效率：基于"沪港通"的准自然实验.金融研究，2019（8）：151-170.

［7］枞岩.话说"一带一路".统一论坛，2015（8）：3-6.

［8］邓立立.汇率制度的选择与发展趋势研究.大连：东北财

经大学出版社，2005.

[9] 邓新明，熊会兵，李剑峰，等. 政治关联、国际化战略与企业价值：来自中国民营上市公司面板数据的分析. 南开管理评论，2014（1）：26-43.

[10] 丁佳俊，王积田. 生命周期视角下股权集中度与现金股利政策的关系：基于半参数模型的实证分析. 商业会计，2015（19）：55-58.

[11] 董琳. 中国企业海外并购须应对好五大财务风险. 财务与会计，2013（19）：66.

[12] 范钛. 中国企业海外上市的绩效与风险. 统计与决策，2005（9）：65-70.

[13] 方艳，贺学会，刘凌，等. "沪港通"实现了我国资本市场国际化的初衷吗？：基于多重结构断点和 t-Copula-aDCC-GARCH 模型的实证分析. 国际金融研究，2016（11）：76-86.

[14] 冯阔，王潇潇，郑舒予. 企业跨国纵向并购的动因及福利分析：基于双汇并购 Smithfield 的案例. 经营管理者，2014（9）：4-5.

[15] 郭小明，郭建军，郭民. 委内瑞拉外汇管制政策简介及对策分析. 中国商界（下半月），2010（6）：30-31+34.

[16] 郭阳生，沈烈，汪平平. 沪港通降低了股价崩盘风险吗：基于双重差分模型的实证研究. 山西财经大学学报，2018（6）：

30-44.

［17］何笙.新丝路 新梦：中国大力推动加快"一带一路"建设.走向世界，2017（8）：12-15.

［18］胡玄能.企业并购财务与会计实务.大连：大连理工大学出版社，2005.

［19］黄中文.海外并购.北京：对外经济贸易大学出版社，2008.

［20］姬晓辉，王超凡.沪市 A 股交易量与收益率关联性及沪港通影响的研究.经济与管理评论，2018，34（1）：118-126.

［21］贾巧玉.交叉上市对盈余管理的影响及其经济后果研究.成都：西南交通大学，2020.

［22］姜莲君.中国中小企业海外上市动因、现状和对策研究.上海：上海交通大学，2013.

［23］蒋冠宏.并购如何提升企业市场势力：来自中国企业的证据.中国工业经济，2021（5）：170-188.

［24］蒋冠宏.企业并购如何影响绩效：基于中国工业企业并购视角.管理世界，2022（7）：196-211.

［25］景一凡.我国民营企业海外上市动机与后市表现研究.成都：西南财经大学，2012.

［26］孔令艺，肖慧娟，任颋.股权结构、上市地点选择与IPO 绩效：以中国创业企业为例.当代经济科学，2014（7）：58-68.

［27］孔宁宁，李书超.境外上市有助于公司成长吗？：基于中国赴美上市公司的经验证据.经济与管理研究，2010（10）：102-108.

［28］孔宁宁，秦蕊.民营企业境外上市与业绩变动研究：基于内地赴香港上市民营企业的经验证据.国际商务，2015（1）：53-61.

［29］黎平海，李瑶，闻拓莉.我国企业海外并购的特点、动因及影响因素分析.经济问题探索，2009（2）：74-79.

［30］李晨.海外石油工程项目财务管理探究.财经界（学术版），2014（13）：219.

［31］李婧坤.跨国公司财务战略中的税收筹划研究.哈尔滨：东北林业大学，2008.

［32］李娟.浅议企业并购的财务风险及其控制.中国证券期货，2011（8）：79-80.

［33］李俊杰.中国企业跨境并购.北京：机械工业出版社，2013.

［34］李培馨.海外上市地点、融资约束和企业成长.南开经济研究，2014（5）：72-89.

［35］李蒲贤.中国证券市场国际化研究.成都：四川大学，2007.

［36］李行健，李广子.中概股退市的动机及其溢价来源研究.

经济科学，2017（4）：47-62.

［37］刘婧.海外并购的财务效应、风险及对策分析：以双汇国际并购史密斯菲尔德公司为例.商业经济研究，2017（11）：163-165.

［38］刘彦丽.跨国并购融资规划中的分层施策.管理会计研究，2021（7）：24-33.

［39］陆孟兰.企业海外并购财务风险控制与规避.财会通讯，2010（5）：136-138.

［40］罗伯特·F.布鲁纳.应用兼并与收购（上册）.北京：中国人民大学出版社，2011.

［41］吕长江，韩慧博.业绩补偿承诺、协同效应与并购收益分配.审计与经济研究，2014（6）：3-13.

［42］马慧敏，叶静.创业板上市公司现金股利政策的影响因素.财会月刊，2016（12）：20-25.

［43］梅金平.证券市场的国际化及其路径选择.财贸经济，2002（8）：57-60.

［44］缪莹.我国A股、H股价格差异成因的理论与实证研究：基于H股折价的角度.南京：南京财经大学，2008.

［45］裴淑红，孟鑫.我国企业跨国并购财务风险及防范：以双汇收购史密斯菲尔德为例.商业会计，2016（14）：33-35.

［46］秦志敏，郭雯.A+H股交叉上市后公司业绩走势研究.

财经问题研究，2012（4）：66-74.

［47］申发伟，企业集团的全球税务筹划：华为全球税务筹划的经验与启示.中国总会计师，2017（9）：122-124.

［48］沈沛.论上海证券市场的国际化.改革，1994（5）：5.

［49］师倩，高雅妮."沪港通"机制能够降低企业盈余管理吗?：基于双重差分模型的研究.国际商务财会，2018（8）：75-82.

［50］时光林，徐晓辉.跨国并购中的财务风险与防范：以双汇并购史密斯菲尔德为例.财务管理与资本运营，2017（15）：51-52.

［51］宋新华.企业海外并购的税务风险与控制策略.财会月刊，2011（10）：62-64.

［52］苏维，王艳芹.企业并购财务风险问题研究.时代农机，2017（1）：114-115.

［53］孙芳.中国企业海外并购财务风险评价研究：以青岛海尔并购通用家电为案例.北京：对外经济贸易大学，2016.

［54］谭庆美，李月，刘微.中国企业海外上市决策模型：基于管理层持股视角.中央财经大学学报，2017（7）：106-115.

［55］王棣华.试论跨国并购的财务风险防范.会计之友（下旬刊），2010（6）：46-47.

［56］王红亮.A公司乌兹别克斯坦项目财务管理模式研究.郑

州：河南财经政法大学，2016.

［57］王开国.中国证券市场发展与创新研究.上海：上海人民出版社，2002.

［58］王素荣.海外投资税务筹划.北京：机械工业出版社，2018：84-89.

［59］王曦临.我国上市公司现金股利概况及其影响因素.商业会计，2017（1）：25-29.

［60］王晓波."一带一路"战略实施路径分析.深圳：深圳大学，2017.

［61］王亚敬.制约中国企业跨国并购价值实现的因素及对策研究.石家庄：河北经贸大学，2010.

［62］王允平，陈燕.跨国公司财务管理.北京：首都经济贸易大学出版社，2007.

［63］吴术团.双汇国际收购史密斯菲尔德公司的案例分析.对外经贸实务，2015（6）：70-72.

［64］吴文君，陈红彦.《外商投资法》出台背景下 VIE 架构的监管路径选择.海南金融，2020（1）：41-49.

［65］夏乐书.国际财务管理.大连：东北财经大学出版社，2006.

［66］夏露.民营企业海外并购动因与绩效分析：以双汇国际并购史密斯菲尔德为例.南昌：江西财经大学，2015.

［67］肖鹏.跨国公司股利政策的影响力研究.上海：上海海事大学，2007.

［68］谢百三.证券市场的国际比较.北京：清华大学出版社，2003.

［69］谢超，黄亚铷，李瑾.加速融入全球市场，资金层面无需担忧："沪伦通"分析.国际金融，2019（2）：66-72.

［70］谢国旺.境外产业链并购风险管理探析.中国市场，2013（2）：49-55.

［71］辛莹莹，徐培哲.资本市场开放与企业投资效率：来自"沪港通"的经验证据.中国注册会计师，2019（4）：76-81.

［72］熊文政.企业跨国并购财务风险分析与控制：以双汇并购史密斯菲尔德为例.南昌：江西财经大学，2016.

［73］徐凤麟.WL公司跨国经营面临的税收问题及对策研究.合肥：安徽大学，2018.

［74］徐虹.交叉上市对我国企业产品市场竞争力的影响.管理世界，2014（4）：181-182.

［75］徐寿福，徐龙炳.现金股利政策、代理成本与公司绩效.管理科学，2015（01）：96-110.

［76］许敏.我国企业跨国并购的现状、问题及对策.北方经贸，2010（9）：29-30.

［77］阎海峰，周海波，李桐.我国企业海外上市对跨国并购

的影响研究. 湘潭大学学报（哲学社会科学版），2019（3）：87-92.

［78］杨帆. 我国企业并购过程中的财务风险透析. 会计之友，2007（5）：26-27.

［79］姚俊宇. 中国企业海外并购财务风险规避案例研究. 金融经济，2017（2）：141-142.

［80］叶德磊. 论我国证券市场的国际化战略及其实施. 生产力研究，2002（2）：8-9.

［81］殷治平. 跨国并购的财务风险及防范策略. 财会月刊，2008（9）：29-31.

［82］余应敏，张玉玲. 我国企业海外上市的利弊分析. 财会学习，2007（5）：25-28.

［83］张明明，陈玉菁. 国际财务管理. 北京：高等教育出版社，2008.

［84］张霓. 我国证券市场开放策略和时序的选择. 中国金融，2001（2）：2.

［85］张硕. 中亚新兴经济体国家强化外汇管制措施对我国外贸出口的影响调查分析. 金融发展评论，2016（8）：45-49.

［86］张晓明，李金耘，贾骏阳. 中美交叉上市与权益资本成本研究：基于美国股票交易所上市的 A 股公司数据. 国际金融研究，2013（6）：80-89.

［87］赵锡军，陈启清.中国资本市场开放进程中的风险分析.中国机电工业，2002（9）：58-59.

［88］周芮帆，洪祥骏.双循环背景下"一带一路"沿线国家投资的协同效应.财经科学，2021（7）：107-118.

［89］祝继高，隋津，汤谷良.上市公司为什么要退市：基于盛大互动和阿里巴巴的案例研究.中国工业经济，2014（1）：127-139.

［90］Abdelwahed G. The Impact of Ownership Structure on Dividend Payout Policies：An Empirical Study of the Listed Companies in Egypt. The Business and Management Review，2016，7（2）：113.

［91］Abiad A.，Mody A. Financial Reform：What Shakes It？What Shapes It？. American Economic Review，2005：66-88.

［92］Alexandridis G.，Petmezas D.，Travlos N.G. Gains from Mergers and Acquisitions Around The World：New Evidence. Financial Management，2010，39（4）：1671-1695.

［93］Allen F.，Michaely R. Payout Policy. Handbook of the Economics of Finance，2003（1）：337-429.

［94］Arora A.，Belenzon S.，Rios L. A. Make，Buy，Organize：The Interplay Between Research，External Knowledge，and Firm Structure. Strategic Management Journal，2014，35（3）：

317-337.

［95］Ayyagari M., Doidge C. Does Cross-Listing Facilitate Changes in Corporate Ownership And Control？. Journal of Banking and Finance, 2010, 34（1）: 208-223.

［96］Baker H. K., Nofsinger J. R., Weaver D. G. International Cross-Listing and Visibility. Journal of Financial and Quantitative Analysis, 2002, 37（3）: 495-521.

［97］Bauer R., Wójcik D., Clark G. L. Corporate Governance and Cross-Listing: Evidence From European Companies. Business, Law Corporate Finance: Governance, 2004（1）: 1-31.

［98］Bodner J., Capron L. Post-merger Integration. Journal of Organization Design, 2018, 7（3）: 1-20.

［99］Eun C. S., Resnick B. G. 国际财务管理: 第 8 版, 北京: 机械工业出版社, 2018.

［100］Fama E. F., French K. R. Disappearing Dividends: Changing Firm Characteristics or Lower Propensity To Pay？. Journal of Financial Economics, 2001, 60（1）: 3-43.

［101］Foerster S. R., Karolyi G. A. International Listings of Stocks: The Case of Canada and the U.S.. Journal of International Business Studies, 1993, 24（4）: 763-784.

［102］Foerster S. R., Karolyi G. A. The Effects of Market

Segmentation and Investor Recognition on Asset Prices: Evidence of Foreign Stocks Listing in the U. S. .The Journal of Finance, 1999, 54（3）: 981-1013.

［103］Geiler P., Renneboog L. Executive Remuneration and the Payout Decision. Corporate Governance: An International Review, 2016, 24（1）: 42-63.

［104］Ghadhab I., Hellara S. Cross-Listing and Value Creation. Journal of Multinational Financial Management, 2016, 37-38: 1-11.

［105］Giddy I. A Note on the Macroeconomic Assumptions of International Financial Management. Journal of Financial and Quantitative Analysis, 1977, 12（4）: 601-605.

［106］Henry P.B. Stock Market Liberalization, Economic Reform, and Emerging Market Equity Prices. The Journal of Finance, 2000, 55（2）: 529-564.

［107］Herger N., Kotsogiannis C., Mccorriston S. Multiple Taxes and Alternative Forms of FDI: Evidence from Cross-Border Acquisitions. International Tax and Public Finance. 2016, 23（1）: 82-113.

［108］Perry J.S., Herd T.J. Reducing M&A Risk Through Improved Due Diligence. Business. Strategy and Leadership, 2004,

32（2）：12-19.

［109］Jensen M. Agency Costs of Free Cash Flow. Corporate Finance, and Takeovers. American Economic Review, 1986, 76（2）：323-329.

［110］Jenson M, Ruback R. The Market for Corporate Control: The Scientific Evidence. Journal of Financial Economics, 1983, 11（1）：5-50.

［111］Lintner J. Distribution of Incomes of Corporations Among Dividends, Retained Earnings and Taxes. The American Economic Review, 1956, 46（2）：97-113.

［112］Johnston B.R., Darbar S.M., Echeverria C. Sequencing Capital Account Liberalization: Lessons from the Experiences in Chile, Indonesia, Korea, and Thailand. IMF Working Papers, 1997（1）.

［113］Kalay A . Stockholder-Bondholder Conflict and Dividend Constraints. Journal of Financial Economics, 1982, 10（2）：211-233.

［114］Kaminsky G.L., Schmukler S. L. Short-Run Pain, Long-Run Gain: The Effects of Financial Liberalization. Working Papers, 2003.

［115］Karim S., Capron L. Reconfiguration: Adding, Redeploying, Recombining and Divesting Resources and Business

Units. Strategic Management Journal, 2016, 37（13）: 1-20.

［116］Kim E.H., Singal V. Stock Market Openings: Experience of Emerging Economies. The Journal of Business, 2000, 73（1）: 25-66.

［117］Levine R., Zervos S. Stock Markets, Banks, and Economic Growth. American Economic Review, 1998, 88（3）: 537-558.

［118］Lins K. V., Strickland D. Zenner M. Do Non-U.S. Firms Issue Equity on U.S. Stock Exchanges to Relax Capital Constraints?. Journal of Financial and Quantitative Analysis, 2005, 40（1）: 109-133.

［119］Loughran T., Vijh M. Do Long-Term Shareholders Benefit from Corporate Acquisitions?. Journal of Finance, 1997, 52（5）: 1765-1790.

［120］Merton R. C. A Simple Model of Capital Market Equilibrium with Incomplcte Information. Journal of Finance, 1987, 42（3）: 483-510.

［121］Fuchs-Schundeln N., Funke N. Stock Market Liberalizations: Financial and Macroeconomic Implications. IMF Working Paper, 2001（1）.

［122］Pagano M., Roell A., Zechner J. The Geography of

Equity Listing: Why do Companies List Abroad?. The Journal of Finance, 2002, 57（6）: 2651-2694.

［123］Ping D. Why do Chinese Firms Tend to Acquire Strategic Assets in International Expansion?. Journal of World Business, 2009, 44（1）: 74-87.

［124］Puranam P., Vanneste B. S.Trust and governance: Untangling a tangled web. Academy of Management Review, 2009, 34（1）: 11-31.

［125］Puranam P., Vanneste B. S. Corporate Strategy: Tools for Analysis and Decision-Making. Cambridge: Cambridge University Press, 2016.

［126］Samet M., Jarboui A. Corporate Social Responsibility and Payout Decisions. Managerial Finance. 2017, 43（9）: 982-998.

［127］Thomas G. O'Connor. Cross-Listing in The U.S. and Domestic Investor Protection. The Quarterly Review of Economics and Finance, 2006, 46（3）: 413-436.

［128］Tomas M. Mitigating Risks in Cross-Border Acquisitions. Journal of Banking and Finance, 2009（4）: 64-75.

［129］You L., Parhizgari A. M., Srivastava S. Cross-Listing and Subsequent Delisting in Foreign Markets. Journal of Empirical Finance, 2009, 19（2）: 200-216.

图书在版编目（CIP）数据

"一带一路"跨境资本运营 / 韩慧博，孙芳，蒋冰清著. -- 北京：中国人民大学出版社，2023.6

（共建"一带一路"高质量发展丛书）

ISBN 978-7-300-31622-2

Ⅰ.①一… Ⅱ.①韩… ②孙… ③蒋… Ⅲ.①企业－海外投资－资产运营－运营管理－研究－中国 Ⅳ.① F279.235.6

中国国家版本馆 CIP 数据核字 (2023) 第 068886 号

共建"一带一路"高质量发展丛书

"一带一路"跨境资本运营

韩慧博　孙　芳　蒋冰清　著

"Yidai Yilu" Kuajing Ziben Yunying

出版发行	中国人民大学出版社	
社　　址	北京中关村大街31号	**邮政编码**　100080
电　　话	010-62511242（总编室）	010-62511770（质管部）
	010-82501766（邮购部）	010-62514148（门市部）
	010-62515195（发行公司）	010-62515275（盗版举报）
网　　址	http://www.crup.com.cn	
经　　销	新华书店	
印　　刷	涿州市星河印刷有限公司	
开　　本	720 mm×1000 mm　1/16	**版　　次**　2023 年 6 月第 1 版
印　　张	17.25 插页 2	**印　　次**　2023 年 6 月第 1 次印刷
字　　数	158 000	**定　　价**　88.00元